Visual Encyclopedia
THE BIBLE'S PEOPLE

ビジュアル図鑑
聖書の人々

監修
島田裕巳

KANZEN

まえがき

　聖書は、キリスト教の聖典であり、『旧約聖書』の方は、ユダヤ教の聖典でもある。ユダヤ教では、最初の5つの文章をもっとも重要視し、それを『トーラー』と呼ぶ。イスラム教では、聖書を聖典とはしないが、そこに描かれた神話的な物語を共有している。

　したがって、聖書は世界中に多くの読者をもち、歴史上最大のベストセラーとも言われる。しかしそれは、信者が多いというだけではない。キリスト教の信者ではない日本人の家庭でも、聖書があるというところは少なくないだろう。

　それは、聖書に登場するさまざまな人物が魅力的な存在だからだ。モーセやイエス・キリストをはじめ、個性的なキャラクターが数多く登場し、その分、「聖書の人々」のくり広げる物語は実に興味深い。

　本書は、聖書に登場する主要な人物を取り上げることによって、劇的で、またひどく人間的な聖書の物語をひもといていくことを目的としているのである。

監修者　島田裕巳

目次

序章　聖書の基礎知識

『新約・旧約聖書』とは 006
『旧約聖書』の世界 008
『新約聖書』の世界 010
人物図鑑ページの見方 012

第1章　創世の物語

相関図 014
物語 016
アダムとエバ 018
カインとアベル 020
ノア 022
ニムロド 024
アブラハム 026
サラ 028
ロト 029
イサクとエサウ 030
イシュマエル 032
リベカ 033
ヤコブ 034
ヨセフ 036
レアとラケル 037
セト 038
エノク 039
ハガル 040
ラバン 040

第2章　出エジプトと士師の登場

相関図 042
物語 044
モーセ 046
アロン 048
ファラオ 049
ヨシュア 050
デボラ 051

エフタ 052
ギデオン 053
サムソン 054
ナオミとルツ 055
ラハブ 056
ミリアム 056
エルアザル 057
アカン 057
オトニエル 058
エフド 058
バラク 059
アビメレク 059
シセラ 060
ヤエル 060
デリラ 061
ボアズ 061

第3章　イスラエルの統一とふたりの王

相関図 064
物語 066
サムエル 068
ハンナとペニナ 070
サウル 071
ダビデ 072
ゴリアテ 074
ヨナタン 075
アブサロム 076
バト・シェバ 077
ソロモン 078
ミカル 080
アビガイル 081
ヨアブ 082
ナタン 082

第4章　南北王朝と偉大な預言者たち

相関図 084

物語......086
ヤロブアム1世......088
エリヤ......090
エリシャ......091
イザヤ......092
エレミヤ......094
エゼキエル......095
ダニエル......096
アモス......097
エズラ......097
ネヘミヤ......098
ユダ・マカバイ......098
ヨナ......099
ヨブ......100
エステル......101
ユディト......101
ネブカドネツァル2世......102
レハブアム......103
アハブ......103
イゼベル......104
ホセア......104
ウジヤ......105
ヨシヤ......105
ヨヤキム......106
ゼデキヤ......106
ヨナタン......107
バキデス......107

第5章　イエスの誕生と宣教

相関図......110
物語......112
イエス・キリスト......116
マリア......118
東方の三博士......120
ヘロデ大王......120
ヨセフ......121
エリサベト......121
洗礼者ヨハネ......122
ヘロデ・アンティパス......124

サロメ......125
アンナ......125
ペトロ......126
マタイ......128
大ヤコブ......130
ヨハネ......132
イスカリオテのユダ......134
アンデレ......135
フィリポ......135
バルトロマイ......136
トマス......136
小ヤコブ......137
タダイ......137
シモン......138
ポンティウス・ピラトゥス......138
マグダラのマリア......139
マルタとマリア......140
ラザロ......141
カイアファ......141
ザアカイ......141
パウロ......142
アナニア......143
バルナバ......144
マティア......145
ステファノ......145
マルコ......146
ルカ......148
リディア......150
バル・イエス......150

第6章　資料館

聖書の世界......152
聖書にまつわる偉人......154
五十音索引......158

COLUMN①　聖書にまつわる世紀の大発見......062
COLUMN②　イスラエル12部族のその後......108

005

『新約・旧約聖書』とは

【 神との契約を記したふたつの聖書 】

新しい契約と古い契約を表したふたつの聖書

聖書に登場する人物を紹介する前に、まずは聖書そのものについて説明しよう。右ページを見るとわかる通り、聖書は『旧約聖書』と『新約聖書』のふたつがあり、どちらも複数の文書で構成されている。

『旧約聖書』は、神の啓示を記した書であり、同時に古代イスラエル民族の歴史を伝える書でもある。「律法（モーセ五書）」は、神による天地創造とイスラエル民族の成立の物語が記されたもの。続く「歴史書」は、イスラエル民族の歴史を綴った書で、イスラエル王国の成立や、王の物語などが書かれている。「大預言書」と「小預言書」は預言者を通して伝えられた神の言葉をまとめている。「詩書」は、詩歌や知恵文学といった書物で構成されたものだ。

『新約聖書』は、イエス・キリストとその弟子の活動や言動をまとめたもの。397年の第3回カルタゴ会議（キリスト教の重要な教義を決定する会）にて、右ページの27文書で構成されると定められた。『新約聖書』は5つ

に大別できる。まず「福音書」は、イエスの生涯や言葉をまとめたもの。「福音」とは「幸福のたより」「よい知らせ」といった意味で、イエスが人類を救済・祝福することを意味している。続く「歴史書」は、イエス復活後の弟子たちの活動を記したもの。「パウロの書簡」「公同書簡」は、パウロらイエスの弟子がほかの信者に宛てた手紙で、最後の「預言書」にある「ヨハネの黙示録」は、使徒ヨハネが見た未来に起こる世界の終わりと救済について記した書となっている。

キリスト教は今でこそ世界最大の宗教となったが、実はもともとユダヤ教の一部であり、どちらも同じ神を信仰している。ただ、神との契約について考え方が大きく異なるため、異なる宗教として成立したのだ。

ユダヤ教は「神の掟（律法）を守るならイスラエル民族を祝福する」という契約を、神と結んだと考えている。一方でキリスト教は、神の子イエスが救世主として地上に遣わされ、「人類は新しく神と契約を結び直した」と考えている。新たな契約では、イエスを信じる者ならイスラエル民族以外も救済の対象となる。

名前にある新旧とは、契約の新しい・古いを表したものなのだ。なお、ユダヤ教では『旧約聖書』を聖典に、キリスト教では新旧それぞれの聖書を聖典として扱っている。ユダヤ教からすればイエスを救世主とはとらえないので、『新約聖書』は聖典と認めない。

●『旧約聖書』を構成する文書

カテゴリ	名称
律法	創世記
	出エジプト記
	レビ記
	民数記
	申命記
歴史書	ヨシュア記
	士師記
	ルツ記
	サムエル記
	列王記
	歴代誌
	エズラ記

カテゴリ	名称
歴史書	ネヘミヤ記
	エステル記
詩書	ヨブ記
	詩篇
	箴言
	コヘレトの言葉
	雅歌
大預言書	イザヤ書
	エレミヤ書
	哀歌
	エゼキエル書
	ダニエル書

カテゴリ	名称
小預言書	ホセア書
	ヨエル書
	アモス書
	オバデヤ書
	ヨナ書
	ミカ書
	ナホム書
	ハバクク書
	ゼファニヤ書
	ハガイ書
	ゼカリヤ書
	マラキ書

●『新約聖書』を構成する文書

カテゴリ	名称
福音書	マタイによる福音書
	マルコによる福音書
	ルカによる福音書
	ヨハネによる福音書
歴史書	使徒言行録
書簡（パウロ書簡）	エフェソの信徒への手紙
	ガラテヤの信徒への手紙
	コリントの信徒への手紙1～2
	コロサイの信徒への手紙
	テサロニケの信徒への手紙1～2
	テトスへの手紙

カテゴリ	名称
書簡（パウロ書簡）	テモテへの手紙1～2
	フィリピの信徒への手紙
	フィレモンへの手紙
	ローマの信徒への手紙
書簡（公同書簡）	ペトロの手紙1～2
	ヘブライ人への手紙
	ヤコブの手紙
	ユダの手紙
	ヨハネの手紙1～3
黙示文学	ヨハネの黙示録
外典	教派によってその他の文献が聖書に含まれることもある

『旧約聖書』の世界

【『旧約聖書』の舞台と時代背景】

現在のイスラエル周辺で物語が展開される

『旧約聖書』の舞台は、チグリス・ユーフラテス川沿いのメソポタミア地方からエジプトへと続く一帯である。このうち、物語の中心となるのがカナンとエジプトだ。

カナンは現在のイスラエル・パレスチナにあたり、『旧約聖書』において「神よりイスラエル民族に与えられた」とされる場所。それゆえにカナンはイスラエル民族にとっての聖地や約束の地とされる。

● 『旧約聖書』の時代の地図

神と契約を交わした古代イスラエルの民は、ここにイスラエル王国を建設。ダビデやソロモンといった王の時代に大きな繁栄を遂げた。その後、新バビロニアなどによって王国は滅ぼされ、イスラエル民族は国をもたない流浪の民となるが、今もここは特別な場所なのだ。

エジプトは、王国建国以前の古代イスラエル人が奴隷として不遇の時を過ごした地だ。こうしたことから、エジプトは聖書のもうひとつの故郷とも呼ばれている。

●『旧約聖書』の関連年表

区分	年代	おもな出来事
天地創造	？	神が7日間をかけて天地を創造する
		アダムとエバ、禁断の実を食べてエデンの園を追放される
		カインとアベル、人類初の殺人事件
大洪水	？	ノアが方舟をつくり、大洪水を生き延びる
バベルの塔	？	天に届く塔の建設に神が怒り、人々は異なる言語を話すようになる
族長時代	紀元前1900～1300年頃	神の導きにより、アブラハムが聖地カナンへとたどり着く
		退廃したソドムとゴモラの都市が神によって滅ぼされる
		ヤコブ、神より「イスラエル」という名を与えられる
		ヨセフ、エジプトの宰相となる
出エジプト	紀元前1250年頃	モーセに率いられたイスラエルの民がエジプトを出る
聖地奪還	紀元前1200年頃	ヨシュアに率いられたイスラエルの民が聖地カナンを征服
士師の時代	紀元前1100年頃	外敵からカナンを守るため、デボラ、サムソン、ギデオンといった士師たちが活躍
統一王国時代	紀元前1020～965年頃	サウルがイスラエルの初代王となる
		ダビデが第2代イスラエル王に即位し、エルサレムを首都と定める
		ソロモンが第3代イスラエル王に即位
南北王朝時代	紀元前926～538年頃	ソロモンが死去し、イスラエル王国は北イスラエル王国と、南のユダ王国に分裂する
		ユダ王国でレハブアム、北イスラエル王国でヤロブアムがそれぞれ王国として即位
		アッシリアによりイスラエル王国が滅亡
		新バビロニア王国のネブカドネツァル2世が、ユダ王国の首都エルサレムを包囲（第1回バビロン捕囚）
		新バビロニア王国のネブカドネツァル2世によってエルサレムが陥落し、ユダ王国が滅亡（第2回バビロン捕囚）
		第3回バビロン捕囚が起こる
エルサレム帰還	紀元前538～332年頃	ペルシア王キュロス1世により、捕囚のイスラエルの民が帰還を許される
		ユダ王国の再建が始まる
		エズラによる宗教改革が起こり、ユダヤ教が成立する
		ユダヤ地方、ローマのアレクサンドロス大王により征服される

『新約聖書』の世界

【『新約聖書』の舞台と時代背景】

キリスト教成立後に舞台が大きく広がる

『新約聖書』は、現在のイスラエル・パレスチナ中央部から、トルコやギリシャといった地域に至るまでの広大な一帯を舞台としている。

このうちイエスが活動していたのが、現在のイスラエル・パレスチナ中央部である。とくにエルサレムは、イエスが十字架に磔にされたゴルゴダの丘があることから、信徒にとって最大の聖地とされている。

イエス存命時のイスラエルには、ユダ王朝

●『新約聖書』の時代の地図

が存在したものの、実質的な支配者はローマ帝国で、ユダ王朝はその属国だった。人々はローマ帝国の圧制から解放してくれる救世主を待ち望んでおり、これに呼応するかのように現れたのがイエスなのだ。

　一方、それ以外の地域は、イエスの死後、彼の弟子たちが布教活動を行った場所である。なかでも使徒パウロは、積極的に布教しており、3回も伝道旅行を行っている。ギリシャやアジアなど、彼が各地に足を運んで宣教活動を行ったことで、『新約聖書』の舞台は大きく広がったといえるだろう。

●『新約聖書』の関連年表（イエスの生没年については諸説あり）

区分	年代	おもな出来事
イエス誕生前	紀元前167～37年頃	セレウコス朝シリアがユダヤ教を弾圧
		ハスモン朝が成立し、ユダヤが独立を果たす
		ユダヤ教がパリサイ派、サドカイ派、エッセネ派、熱心党に分裂する
		ローマ帝国がユダヤを征服し、ヘロデがユダヤ王となる
イエス誕生	紀元前6年頃	大天使ガブリエルによるマリアへの受胎告知
		ベツレヘムにてイエスが誕生
イエスの洗礼	27年頃	洗礼者ヨハネが宣教活動を行う
		ヨルダン川にて、イエスがヨハネから洗礼を受ける
		イエスが荒野で40日40夜の修行を行い、サタンの誘惑に打ち勝つ
イエスの宣教	26～29年頃	ガリラヤ地方にてイエスが宣教活動を行う
		イエスが12人の弟子（使徒）を得る
		ヘロデ王により洗礼者ヨハネが処刑される
		イエスがパリサイ派と対立する
イエスの死	30年頃	イエスが首都エルサレムに入る
		イエスと弟子たちによる最後の晩餐
		使徒ユダの裏切りにより、イエスが捕らえられる
		エルサレムのゴルゴダの丘にてイエスが処刑される
		イエスの復活
キリスト教の成立		ペトロの演説。キリスト教の誕生
		ステファノがキリスト教最初の殉教者となる
伝道活動とキリスト教の拡大	33～95年頃	パウロがキリスト教に回心
		パウロが伝道旅行を開始（第1～3回）
		『マタイによる福音書』が成立
		『マルコによる福音書』が成立
		『ルカによる福音書』が成立

〖 人物図鑑ページの見方 〗

❶ 名前、アイコン

人物の名前。言語によって名が異なったり、複数の名前が存在する場合は、日本における一般的な呼び名を掲載している。アイコンは、聖書のどの文書に登場するのかを示している。

❷ 出典、立場・役職、役割

「出典」はその人物が登場する聖書の文書を、「立場・役職」は物語中のその人物の肩書きなどを、「役割」はその人物が物語のなかでどのようなことを行ったのか記載している。

❸ 解説

人物の事績や経歴、その人物にまつわるエピソードを紹介している。基本的には『新約聖書』や『旧約聖書』をもとにしているが、伝承などは真偽が定かでないこともある。

❹ イラスト

その人物のイラストと、イラストを描いたイラストレーターの名前。イラストは聖書に記された情報を参考に描かれているが、実際の外見とは異なる可能性も多分にある。

第1章 創世の物語
相関図

アダムとエバ (P.018)

カインの末裔

弟アベルは兄カインに殺されたため、子孫は残っていない。一方でカインは、弟を殺した罰としてノドという地に追放されるが、そこで結婚して子どもを生んだ。その子孫たちが、音楽家や鍛冶師、芸人の祖となったそうだ。

親子

子孫

長男
カイン (P.020)

殺害 →

次男
アベル (P.020)

三男
セト (P.038)

子孫

ノアは、アダムとエバの三男セトの子孫。セトから見てノアは8世代目にあたる。

ノア (P.022)

親子

ノアの子どもたち

ノアが502歳のとき長男セムが誕生。彼は結婚して5人の子をもうけた。そのなかのひとりであるアルパクシャドの子孫が最初の預言者アブラハムだ。

長男セム

次男ハム

三男ヤフェト

第1章 — 創世の物語 Genesis

『旧約聖書』の世界は、神による天地創造の物語から始まる。天地創造は7日間に及び、6日目には最初の人間アダムが誕生している。その後、神はアダムと語り合い、支えるための存在としてエバを作るが、ふたりが禁忌を犯したことで楽園から追放する。野に放たれたアダムとエバはたくさんの子どもを生み、物語の主役は彼らに移っていく。

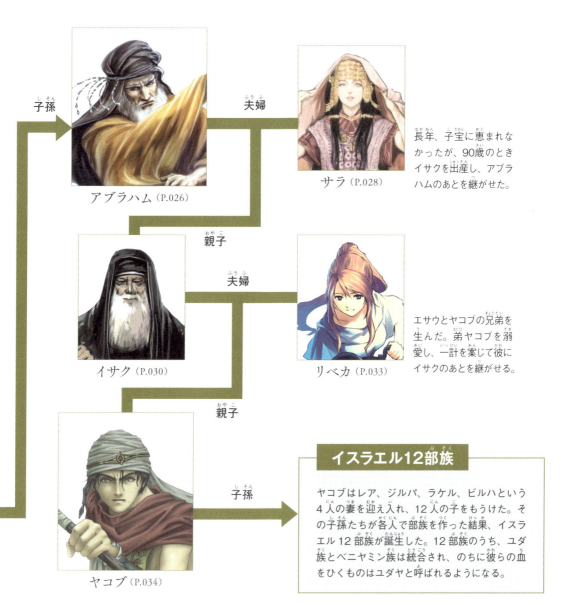

子孫 — アブラハム（P.026）

夫婦

サラ（P.028）
長年、子宝に恵まれなかったが、90歳のときイサクを出産し、アブラハムのあとを継がせた。

親子

イサク（P.030）

夫婦

リベカ（P.033）
エサウとヤコブの兄弟を生んだ。弟ヤコブを溺愛し、一計を案じて彼にイサクのあとを継がせる。

親子

ヤコブ（P.034）

子孫

イスラエル12部族

ヤコブはレア、ジルパ、ラケル、ビルハという4人の妻を迎え入れ、12人の子をもうけた。その子孫たちが各人で部族を作った結果、イスラエル12部族が誕生した。12部族のうち、ユダ族とベニヤミン族は統合され、のちに彼らの血をひくものはユダヤと呼ばれるようになる。

015

第1章 創生の物語
物語

【聖書における世界の誕生】

聖書に描かれる世界の始まり

『旧約聖書』の冒頭には、神による天地創造の物語（創世記）が記されている。最初に神は「光あれ」と叫んだ。すると光が生まれ、同時に闇ができた。これが天地創造の1日目だ。2日目になると、神は天空を創り、水を天空の上下にわけた。そして3日目には、下にあった水をひとつにまとめて海を創り、それ以外の部分は陸とし、そこに植物を創った。4日目には、天空に太陽と月、そして星を創り、世界には昼と夜が訪れるようになる。さらに5日目には、鳥や魚といった空と海の生物を、6日目には家畜や獣などの地上の生物を創り、7日目に休息をとった。また、これらを管理する存在として、神は自分の姿に似せて人を創った。彼が最初の人間アダムだ。

最初の人間アダムとその妻エバの誕生

アダムは人間が自分しかいないことに寂しさを覚える。その様子を見た神は、アダムと対になる存在が必要だと考え、彼のあばら骨からふたり目の人間を創り出した。それがエバであり、こうしてすべての人類の始祖となる男女がそろったのである。彼らはしばらくのあいだエデンの園で暮らしていた。

● 天地創造の7日間

1日目	神の言葉により光が生まれ、これに対応して闇ができた
2日目	天空を創り、天空の上下に水をわけた
3日目	天空の下にあった水を集めて海とし、それ以外の部分を陸として、地上に植物を創り出した
4日目	天空に太陽と月、星を創り出した。太陽が生まれたことで世界には昼と夜が訪れるようになった
5日目	魚などの水中の生物と、鳥などの大空の生物を創った
6日目	獣や家畜といった地上のあらゆる生物を創り、最後にすべての生物の管理者として人間を創った
7日目	聖なる日として祝福し、休息をとる。1週間のうち1日を休日とするという習慣は、この物語が由来

【エデンの園からの追放】

神の言いつけを守らず
罰を受けるアダムとエバ

聖書を理解するうえで重要となるのが「原罪」という概念だ。原罪とはアダムとエバが犯した罪のことで、人類すべてに課せられた罰のことである。

当初、アダムとエバは、エデンの園で死の定めも労働の義務もなく幸福に暮らしていた。しかしあるとき、エバは邪悪なヘビの誘惑に負け、神が「決して口にしてはならない」と禁じていた禁断の果実（善悪の知識の木の実）を食べ、さらにアダムにもこれを食べるよう勧めてしまう。

アダムとエバが神の言いつけを守らなかったことで、人間はエデンの園を追われ、さまざまな試練と死を定められることとなる。つまり、今日私たちが苦しみや悲しみから逃れられないのは、この原罪ゆえであるとやがてキリスト教では説かれるようになる。

【アダムとエバの子孫】

ユダヤ人とアラブ人の
祖となる異母兄弟

ユダヤ教とイスラム教は、決して友好的とはいえない関係だ。ところが、そのおもな信徒であるユダヤ人とアラブ人は、いずれも『旧約聖書』に登場するアブラハムを伝説的な祖としている。彼はアダムとエバの三男セトの子孫であり、正妻サラとのあいだにイサク、侍女ハガルとのあいだにイシュマエルというふたりの子がいた。このうちイサクの末裔にあたるのがユダヤ人、イシュマエルの末裔にあたるのがアラブ人とされる。つまり、ユダヤ人とアラブ人は異母兄弟の関係にあるのだ。ところがイシュマエルには、イサクのせいで、幼くしてアブラハムのもとを追放されたという経緯がある。

ユダヤとイスラムの因縁は、この時点から始まっていたともされるが、これはあくまでもユダヤ人側の見方である。

ヤコブの子どもたちから
イスラエル12部族が誕生

アブラハムのあとを継いだイサクは、エサウとヤコブという兄弟をもうけた。本来であれば兄のエサウがアブラハムのあとを継ぐはずだったが、母リベカの策略で弟のヤコブが跡取りとなる。彼がもうけた12人の息子からイスラエル12部族が誕生した。

アダムとエバ
Adam and Eve

モーセ五書

出典：創世記　立場・役職：人類最初の男女
役割：すべての人間が負う罪（原罪）の根拠

　天地を創造した神が、6日目に創造した人類の始祖。土の人形に命を吹き込まれて男性のアダムが、彼の肋骨から女性のエバ（英語ではイヴ）が誕生した。ふたりはエデンの園を守る者だったが、蛇に惑わされて神が禁じた善悪の知識の木の実を食べてしまい、神により労働や出産の苦しみ、死の定めを与えられて追放された。

✝ ふたりが口にした禁断の果実

アダムとエバが追放される理由となったことから、善悪の知識の木の実は「禁断の果実」と呼ばれ、手にすべきではない対象や、禁じられているがゆえに欲しくなる対象の代名詞となっている。

✝ 人類の理想郷たるエデンの園

エデンの園には神に創造された多種多様な動植物が暮らしており、立ち並ぶ樹木は食用に適した果実であふれていた。まだ知識がなかったゆえに、ふたりには現在のような悩みや苦しみはなく、飢えとも無縁なエデンの園は、後世の人々から理想郷と見なされた。

✝ 関係が深い天使と悪魔

ふたりを追放した神は、園の東にケルビム（神学者による「天使の階級」で第2位とされる智天使）と、きらめく剣の炎を配置した。またエバを惑わせた蛇の正体は、神に背いた元天使の悪魔サタンとされている。

人類の理想郷とされたエデンの園は、絵画の題材としてしばしば取り上げられた。

神の敵対者であるサタンは、神学的な作品によく登場する。

第1章　創世の物語 *Genesis*

018

絵画におけるアダムとエバ

神に背いたアダムとエバの罪は「原罪」と呼ばれる。とくにキリスト教では、宗派などによる多少の違いはあるものの、おおむねふたりを祖とする人類全体が、生まれながらに背負う罪としている。そのため、アダムとエバは聖堂の壁画などに描かれたほか、芸術家による作品の題材としてもしばしば取り上げられ、多数の絵画が残されている。

ドイツの画家、アルブレヒト・デューラーによる『アダムとイヴ』。

局部を隠す
イチジクの葉

裸だったアダムとエバは知識を得て恥ずかしいと感じ、イチジクの葉で作った腰巻を身に着けた。この記述から、外国ではイチジクの葉という言葉を、恥ずべきことなどを隠す意の比喩として用いることがある。

illustration：誉

カインとアベル
Cain and Abel

モーセ五書

出典：創世記　立場・役職：農民（カイン）、羊飼い（アベル）
役割：罪を悔い改めれば更生できることの象徴

エデンの園を追放されたのち、アダムとエバのあいだに誕生した兄弟。のちに兄のカインは農夫、弟のアベルは羊飼いとなる。あるとき、ふたりが神に捧げものをするが、神はアベルの供物を受け入れる一方、カインの供物は無視した。この結果に怒りを覚えたカインは、その矛先を弟に向け、人類史上初の殺人事件を起こした。

史上初となる殺人事件

アベルを殺害したカインに、すべてを知る神は「弟はどこにいるのか」と問い、あえて告白の機会を与える。しかし、カインは「知らない」と返答し、神の裁きによって大地を耕しても実を結ばぬ定めを負い、追放されることになった。

巨人の祖先とされるカイン

罰せられたカインは神に呪われた存在とも見なされた。のちにキリスト教が広まると、イギリスの叙事詩『ベーオウルフ』に登場するグレンデルや、北欧神話のヨトゥン（霜の巨人）などの巨人たちが、呪われたカインの末裔とされた。

農耕と羊飼いを営む兄弟

カインとアベルは、チグリス・ユーフラテス川周辺で暮らしていたようだ。この地域は世界で最初に農耕・牧畜が始まった場所で、ふたりの職業は当時の一般的なものだった。

追放されたカインに神が与えたしるし

追放が決まったカインが自身の罪深さに怯え始めると、神は「カインを殺す者は7倍の復讐を受ける」と定め、彼に印をつける。カインは罪を犯したが、悔い改めたため神の加護を得られたのだ。

第1章　創世の物語 Genesis

illustration:双羽純

第１章　創世の物語 Genesis

illustration：池田正輝

ノア
Noah

出典：創世記　立場・役職：敬虔なる老人
役割：新たな人類の始祖。敬虔な者は救われるという証明

　アベルはカインに殺害され、カインも神によって追放された。しかし、のちにアダムとエバは三男セトを授かり、その8代目の子孫がノアである。950歳まで生きたというノアが500歳を迎える頃、増えた人間は神を顧みず、地上には悪と暴虐がはびこっていた。しかし、ノアの一族は神を忘れず正しい道を歩んでいたため、地上の生物を一掃しようと決断した神からその計画を明かされ、方舟を建造するよう告げられる。

✞ 世界を呑み込んだ大洪水

方舟の完成からほどなくノアが600歳を迎えると、神はかねてからの計画を実行する。激しい雨が40日間も降り続け、発生した大洪水によって地上は完全に水没。方舟に乗っていたノアとその家族、動物たちを除き、地上にいたあらゆる生物は死に絶えてしまった。

✞ 大洪水に備えて作られた巨大な舟

敬虔なノアは、すぐに方舟の建造を開始。長い年月をかけて、全長約135m、幅約23m、高さ約14mの方舟を完成させる。そして、お告げに従い集めていたさまざまな動物のつがいを乗せると、用意していた食料を積み込み、自身も家族を連れて乗船した。

方舟は屋根がある三階建て。側面に戸口があり、内部は小部屋で仕切られていた。

✞ 方舟が漂着したアララト山

150日後、方舟は水が引き始めたアララト山の頂に漂着した。ノアはカラスに続いてハトを2度放ち、水の引き具合を確認。彼が601歳を迎えた約2ヵ月後、神のお告げに従ってようやく地上へと降り立った。

トルコ共和国の東にあるアララト山。山の名は、ノアの方舟が漂着した場所と目されて命名された。

ニムロド
Nimrod

出典：創世記　立場・役職：古バビロニアの王
役割：世界各地の民族が異なる言語を話す理由

　ノアには3人の息子がおり、三男ハムの孫がニムロドだ。聖書では「地上で最初に勇士となった者」とされ、王としてペルシア湾北西にあったバベル（バビロン）、ウルク、アッカドなどの街を統治。さらに勢力を拡大し、ニネベ、レセン、カラといった都市を建設したという。なかでもバベルは、巨大な塔を建設して神の怒りを買う「バベルの塔」の物語で知られ、この塔の建設を主導したのがニムロドとされている。

✝ イラク周辺に存在した古代都市バビロン

バビロンは、現在のイラク共和国の首都バグダートの南方にある。古バビロニア王国や新バビロニア王国の首都でもあり、かつて最も栄えた都市のひとつだった。また前7世紀には、エルサレムを征服した新バビロニア王国が多数のユダヤ人を連れ去る「バビロン捕囚」が発生し、ユダヤの歴史においても重要な都市のひとつといえる。

19世紀末から20世紀初頭にかけて発掘されたバビロン遺跡。

✝ 神の怒りを招いたバベルの塔

聖書によると、バベルの塔を建設し始めた人々を見て、神は「彼らがこんなことを始めたのは、ひとつの言語を話すためだ」と判断。互いの言葉を理解できないようにしたところ、人々は混乱して塔の建設を中止し、この街は混乱を意味するバベルと名付けられたという。一般的に、塔の建設は神への挑戦と解釈され、この物語は人間の驕り、傲慢に対する戒めとされる。

16世紀に描かれた『バベルの塔』。有名な逸話だけに、さまざまな作品が伝えられている。

✝ 共通の言語を失い　世界中に散らばった人々

互いに言葉が通じなくなった人々は、その後に各地へと散っていった。そのためバベルの塔の物語は、世界各地のさまざまな民族が、それぞれの言語を話す理由を説明したものとも考えられている。

優秀な狩人として描かれている

聖書には、ニムロドは「主の前において勇ましい狩人」でもあり、そのため「主の前における勇ましい狩人ニムロドのようだ」という、ことわざまで生まれたと記されている。

illustration：中山けーしょー

アブラハム
Abraham

出典：創世記　立場・役職：遊牧民
役割：神に選ばれし大いなる国民（イスラエル族）の始祖

　アブラハムは、神との永遠の契約によって大いなる国民（イスラエル民族、現在のユダヤ人）の始祖となった人物。彼はメソポタミアの都市ウルで生まれ、当初の名はアブラムだった。のちに父に連れられて、妻のサライ、甥のロトとカナンを目指し旅立ったが、途中にあるハランの街に定住。しかし、75歳のときに「私が示す地へ行きなさい」と神に告げられ、妻と甥、同行を望む人々を連れてカナンに移住した。

✝ 神との契約により
　イスラエル民族の祖となる

　その後、飢饉のため一時エジプトに避難したが、アブラムは神の加護もあってカナンに帰還。99歳のときに神と契約を結び、子孫繁栄と自身と子孫にカナンの全土を与えると約束され、名をアブラハム（ヘブライ語で「多数の父」という意）へ改める。妻とのあいだに子はなかったが、神の約束通り翌年にイサクが誕生。彼の子孫から、イスラエル人の王が輩出されていくことになる。

のちの神の試練も乗り越え、「信仰の父」とも呼ばれる。

✝ 契約の印として
　義務付けられた儀式

　契約を結ぶ際、神はアブラハムの一族の男子すべてに割礼を施すよう求め、これを契約の印とした。無割礼の男子は契約を破ったとみなされるため、ユダヤ教やイスラム教ではこの伝統が引き継がれている。

以後、誕生した男子は生後8日目に割礼を施された。

✝ パレスチナに存在する
　アブラハムの墓廟

　のちにサラが亡くなり、アブラハムはヘブロンの街にあったマクペラの洞窟に彼女を埋葬した。彼は息子の結婚を見届けたのちに再婚し、6人の子どもを授かり175歳で死去。妻と同じ洞窟に葬られた。

マクペラの洞窟は、施設が建てられ聖地とされている。

イスラム教では五大預言者に数えられる

イスラム教ではイブラーヒームと呼ばれるアブラハムは、ノアやモーセ、イエス、ムハンマドとともに、五大預言者のひとりとされている。

illustration：三好載克

サラ
Sarah

出典：創世記　立場・役職：遊牧民
役割：神に選ばれし大いなる民（イスラエル民族）の始祖

アブラハムの妻。10歳年下の異母妹でもある。父に連れられて故郷のウルを離れ、のちに夫や甥のロトと一緒にカナンへと移住した。サラはとても美しく、のちの飢饉でエジプトへ逃れた際は、夫の身の安全のため妻である事実を隠し、一時ファラオの側室となる。しかし、神罰を受けたファラオが真実に気づくと、サラは与えられた多くの財と一緒に夫のもとへ帰され、ふたりは無事にカナンへ帰還した。

第1章　創世の物語 *Genesis*

侍女ハガルとの確執

サラは子どもに恵まれず、自身の奴隷ハガルを夫の側室にしたが、イシュマエルを授かったハガルがサラを見下し始め確執が生じた。のちに夫が神と契約を結び、サラは90歳でイサクを出産。夫にハガルとイシュマエルを追放させ、大いなる民族の母となる。追放の件は行き過ぎに感じるが、これも神の意思だった。

illustration：池田正輝

ロト
Lot

出典：創世記　立場・役職：遊牧民
役割：救いの対象となる正しき者

モーセ五書

アブラハムの甥。祖父に連れられて故郷の都市ウルを離れ、のちにアブラハム夫妻と一緒にカナンへ移住した。その後、自身の従者と伯父の従者が放牧地をめぐって衝突すると、無用な争いを避けるため、ヨルダン川の低地にあったソドムの街へ移る。しかし、アブラハムとの関係が悪化したわけではなく、のちに戦争に巻き込まれて捕虜となった際は、アブラハム一党に救出された。神がソドムを滅ぼすと決めた際もアブラハムのとりなしがあり、ロトとふたりの娘は命拾いしている。

✝ 腐敗して滅んだソドムとゴモラ

ソドムは風紀が乱れきって腐敗し、神は同様のゴモラもろとも滅ぼすと決定。その際、ロトだけが御使いに計画を明かされ、彼が妻と娘たちと避難するなか、ソドムとゴモラは硫黄と火によって滅ぼされた。

脱出の際、ロトたちは振り返らぬよう御使いに警告されたが、妻は思わず振り返って塩の柱と化した。

illustration：藤川純一

イサクとエサウ
Isaac and Esau

出典：創世記　立場・役職：一族の長（イサク）、イサクの長男（エサウ）
役割：イスラエル民族の祖としての伝承

　イサクは神との契約によって誕生した、アブラハムとその妻サラの息子。そのイサクは叔父の孫であるリベカと結婚し、授かった双子の兄がエサウである。この双子も神に授けられた子どもたちで、リベカは出産前に「自身にふたつの国民が宿っており、兄は弟に仕えるようになる」と神に告げられていた。イサクがエサウを気に入る一方、リベカは穏やかなヤコブを気に入っていたが、これも神のお告げの影響があったのかもしれない。イサクは長子でもあるエサウを跡継ぎにと考えていたが、お告げ通りイサクの家はヤコブが継ぐことになる。

✝ 神の試練により生贄にされかけたイサク

幼少のイサクは、神に試された父の手で生贄にされかけた。彼は神に従う父に抵抗しなかったが、寸前に御使いが父を制止して事なきを得た。

強い信仰心を示したアブラハム父子の姿は、宗教画にも残されている。

✝ 民族の祖となったアブラハムの子どもたち

神との契約で授かったイサクは、イスラエル人の祖となった。しかし、神は側室の子イシュマエルも見捨てておらず、のちにアラブ人の祖となった彼の子孫から、預言者ムハンマドが現れる。

イシュマエル（P.032）

本来であればアブラハムの後継者に

慣習に従えば跡継ぎは兄のエサウだが、若き日の彼は長子の権利を軽視して、弟に譲ってしまってもいた。

✝ 後継者になれなかったエサウ

晩年、失明同然となったイサクはエサウに長子の祝福を与えようとした。しかし、腕に毛皮を巻き付けたヤコブを毛深い兄と誤認。ヤコブを祝福してしまい、彼が後継者と決まる。

illustration：米谷尚展

イシュマエル
Ishmael

出典：創世記　立場・役職：アブラハムの息子
役割：アラブ人の始祖

モーセ五書

　最初のお告げ以降、アブラハムはたびたび神に子孫繁栄を約束された。しかし、いっこうに子どもは授からず、妻サラの勧めで彼女の奴隷ハガルを側室に迎え、誕生したのがイシュマエルだ。ところが、のちにアブラハムは神と契約を結び、サラとのあいだにイサクが誕生。すると、ハガルと不仲になっていたサラは、夫に彼女とイシュマエルの追放を訴え、それが神の意に沿うと知ったアブラハムにより、イシュマエルとハガルは追放されることになった。

第1章　創世の物語 *Genesis*

 アラブ人の祖となったイシュマエル

神がアブラハムに告げたように、追放されたイシュマエルとハガルには神の加護があった。その後、荒野をさまようふたりは、御使いの助けによって井戸を見つけ、無事に新たな生活を開始。やがてイシュマエルは狩人となり、母の故郷であるエジプトから妻を迎えてアラブ人の祖となった。

イシュマエルとハガルを描いた17世紀の絵画。ふたりを救った御使いの姿は、天使として描かれている。

illustration：七片藍

032

リベカ
Rebekah

出典：創世記　立場・役職：イサクの妻
役割：人間の欲望の深さや多面性の象徴

モーセ五書

　イサクの妻で、アブラハムの弟ナホルの孫。以前アブラハムも暮らしたハランに住んでおり、イサクの嫁探しに訪れたアブラハムの執事と出会う。そして、神に祝福されたアブラハムが親類を息子の嫁にと望んでおり、執事との出会いも神の導きだと知ると、申し出を承諾してイサクの妻となった。その後、リベカは双子を妊娠。子どもたちはふたつの民の祖であり、兄が弟に仕えると神に告げられる。その影響もあるのか、無事に出産した彼女は弟のヤコブをより愛し、後年に策を用いて彼を夫の後継者としたのだった。

✟ 旅人に水を恵む心優しき乙女

街に到着した執事は、井戸の脇で求める娘が自身とラクダに水を飲ませてくれるよう神に祈った。直後、現れたリベカが親切にも執事が祈った通りに行動し、彼はリベカこそ目的の娘だと確信した。

イタリアの画家による18世紀の絵画。井戸で出会ったリベカと執事が描かれている。

illustration：双羽純

ヤコブ

Jacob

出典：創世記　立場・役職：イスラエル12部族の長
役割：レア、ラケル姉妹の夫として子孫繁栄に力を尽くす

イサクと妻リベカの息子で、双子の兄エサウの弟。母により愛され、後年に年老いてほぼ視力を失った父が兄に長子の祝福を授けようとすると、兄に代わって祝福を受けるよう母に告げられる。ヤコブは腕と首に子ヤギの皮を巻いて毛深い兄に変装。長子の祝福を授るが、兄に恨まれて母方の伯父ラバンのもとへ逃れた。その後、ヤコブは伯父の娘ラケルと結婚するため、伯父のために7年働くが、騙されてラケルの姉レアと結婚。さらに7年働きラケルと結ばれると、子どもに恵まれぬ彼女は姉に対抗心を燃やし始めた。

✝ イスラエルという別称

ラバンのもとを離れ、妻や子どもたちと故郷へ向かったヤコブ。途中の晩、ヤコブは現れたある男と格闘して勝利し、「これからはイスラエルと呼ばれる」と告げられた。一般的に男は天使とされ、のちにヤコブは改めて神に改名を告げられる。

17世紀にオランダの画家レンブラントが描いた『天使と格闘するヤコブ』。

✝ 4人の妻と12人の子どもたち

レアに4人の男児が誕生すると、ラケルは自身の召使いを夫の側室とし、男児がふたり誕生。するとレアも召使いを夫の側室にしてふたりの男児が産まれ、自身も男児をふたり授かる。その後に男児を授かったラケルは後年にもうひとり産み、最終的にヤコブの息子は12人となる。

ヤコブの子どもたち

ルベン	イサカル	ダン
シメオン	ゼブルン	ナフタリ
レビ	ガド	ヨセフ
ユダ	アシェル	ベニヤミン

✝ 逃亡中に見たヤコブの梯子

ハランへ向かう旅の途中、野宿をしたヤコブは天に届く階段を昇り降りする御使いの夢を見て、神に祝福された。目覚めた彼は神を畏れ敬い、神より与えられるすべての10分の1を捧げると誓った。

プラド美術館が所蔵する『ヤコブの夢』。

illustration：磯部泰久

ヨセフ
Joseph

出典：創世記　立場・役職：ヤコブの息子、エジプトの族長
役割：徳と知恵を備える者は異郷であっても位を極める

モーセ五書

　ヤコブと彼の最愛の妻ラケルの息子。ヨセフは父に寵愛されたうえ、しばしば異母兄たちより偉大になる夢を見て家族に話したため、嫉妬する兄たちには疎まれていた。17歳のとき、ヨセフは父に頼まれて、羊の放牧に出かけた兄たちの様子を見に行く。すると、兄たちがヨセフを殺そうと画策。長兄のとりなしで命は取られず、穴に投げ込まれるだけとなるが、ほどなく隊商が通りかかるとヨセフは彼らに売られてしまい、そのままエジプトへ連れ去られた。

✝ エジプトで出世を果たす

エジプトへ渡ったのち、ヨセフはファラオの夢を解き明かしてのちの大飢饉を予見。彼が神と共にあると気づいたファラオに抜擢され、宰相として飢饉に備えた。

illustration：日田慶治

第1章　創世の物語　*Genesis*

レアとラケル
Leah and Rachel

出典：創世記　立場・役職：ヤコブの妻となった姉妹
役割：姉妹での一夫多妻は廃止となる

　ヤコブの母方の伯父ラバンの娘たち。当初、ヤコブは妹ラケルと恋に落ち、伯父のために7年働く条件で結婚を許された。しかし、姉を先に嫁がせる慣習からラバンはヤコブを騙し、レアがヤコブと一夜を共にして結婚。ヤコブがさらに7年働く約束で、ラケルも彼の妻となる。この経緯からヤコブに疎まれたレアは、神に祈って4人の男児を授かった。一方、ラケルは子どもができず姉に嫉妬。彼女が自身の従者を夫の側室としたことを機に姉妹は競い始め、ヤコブは12人の男児を授かった。

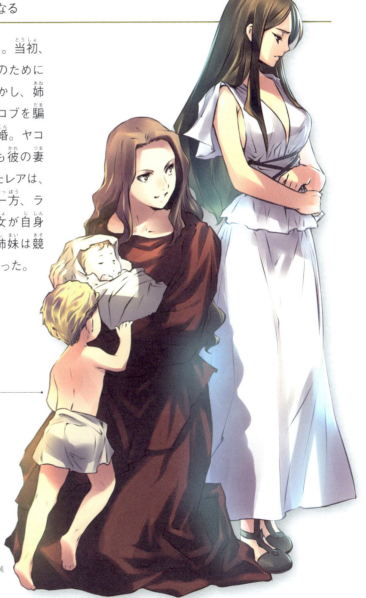

姉妹の子が
ユダヤ人の祖に

ユダヤ人の祖は「イスラエル12支族」と呼ばれ、ヤコブの男児10人とヨセフのふたりの子どもがその始祖とされる。また、祭祀を司る特別な家系となったレビの一族だけは、含まれていない。

illustration：双羽純

セト
Seth

出典：創世記　立場・役職：アダムとエバの間に生まれた三男
役割：貴重な血筋を残した存在

モーセ五書

アダムとエバの三男。当初、アダムとエバはカインとアベルの兄弟を授かっていた。しかし、のちにカインが弟のアベルを殺害したため、神はカインを追放。子どもがいなくなったアダムとエバに、新たな息子としてセトを授けた。こうした事情から、アダムとエバの正当な後継者となったセトの子孫は繁栄し、のちに有名なノアが誕生することになる。なお、人類の祖に近い人々はとてつもなく長寿で、アダムは930歳で死去。105歳で息子エノシュを得たセトも、912歳まで生きたという。

第1章 ─ 創世の物語 *Genesis*

✝ セトが植えた枝がイエスの十字架に？

セトとアダムには聖書とは別の伝説もある。アダムに死期が迫ると、セトは父を癒すため天使から禁断の木の枝を授かるが、戻ったとき父が亡くなっていたため墓に枝をさした。すると枝は順調に育ち、のちにイエスの十字架の木材になったという。

illustration：藤川純一

エノク
Enoch

出典：創世記　立場・役職：信仰深き聖人
役割：神の手で天へ迎えられた貴重な存在

モーセ五書

セトから5代目の子孫で、のちに誕生するノアの曽祖父。『創世記』の記述は極わずかで、ノアへと至るアダムの家系のひとりとして触れられているのみだ。しかし、エノクは365年という生涯のうち、300年ものあいだ神と共に歩み、「神が取られたのでいなくなった」と記されている。これはエノクが生きているあいだに天へ迎えられたことを意味し、彼が『旧約聖書』のなかでも屈指の聖人だった証といえるだろう。

illustration：長内佑介

✝ エチオピア正教会と『エノク書』

一般的な聖書に含まれない『旧約聖書偽典』のなかに、「エノク書」という文書がある。エチオピア正教会では『旧約聖書』の一部として扱われ、エノクが天使たちに案内されて天国や地獄、エデンの園を目にし、宇宙の仕組みと終末までの歴史を学ぶ様子が記されている。

039

ハガル
Hagar

出典：創世記　立場・役職：アブラハムの側室
役割：アラブ人の祖となる子孫を残す

アブラハムの妻サラに仕えていたエジプト人の奴隷。年老いても子どもに恵まれなかったサラの発案で、アブラハムの側室となった。ところが、アブラハムの子を妊娠したハガルはサラを見下し始め、これに反発したサラと確執が生じる。ハガルはサラにつらく当たられ一度は家を飛び出したが、現れた天使に慰められて家に戻り、イシュマエルを産んだ。後年、神との契約によってサラにイサクが誕生。ハガルとイシュマエルは追放されてしまうが、神は彼女たちを見捨てておらず、息子のイシュマエルはアラブ人の祖となった。

illustration：七片藍

ラバン
Laban

出典：創世記　立場・役職：レアとラケルの父親
役割：自らの強欲のツケがまわる

リベカの兄で、彼女が結婚したイサクの義兄。のちに妹の頼みで、兄と不仲になった甥のヤコブを迎え入れた。ほどなくヤコブが次女ラケルと恋に落ちると、7年の労働を条件に結婚を許可。しかし、期日の晩にヤコブを騙して長女レアを娶らせ、さらに7年働く約束でラケルをヤコブの妻とした。その後、ラバンはヤコブのおかげで裕福になるが、ヤコブが故郷へ帰りたいと申し出ると、支払うべき報酬の引き下げを画策。結果、ラバンは娘たちにも見限られ、ラケルによって多くの財産を奪われることになった。

illustration：中山けーしょー

第1章 — 創世の物語 *Genesis*

～旧約聖書～

第2章
出エジプトと士師の登場
Exodus and the advent of the Judges

第2章 出エジプトと士師の登場
相関図

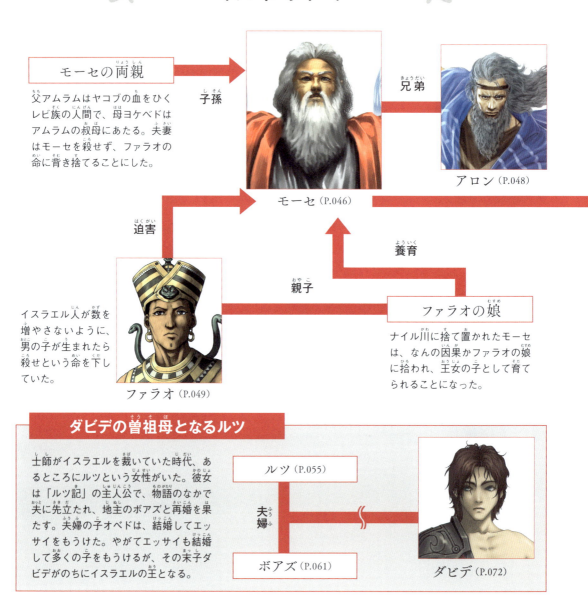

モーセの両親
父アムラムはヤコブの血をひくレビ族の人間で、母ヨケベドはアムラムの叔母にあたる。夫妻はモーセを殺せず、ファラオの命に背き捨てることにした。

子孫 → モーセ（P.046） — 兄弟 — アロン（P.048）

迫害／親子／養育

ファラオ（P.049）
イスラエル人が数を増やさないように、男の子が生まれたら殺せという命を下していた。

ファラオの娘
ナイル川に捨て置かれたモーセは、なんの因果かファラオの娘に拾われ、王女の子として育てられることになった。

ダビデの曽祖母となるルツ

士師がイスラエルを裁いていた時代、あるところにルツという女性がいた。彼女は「ルツ記」の主人公で、物語のなかで夫に先立たれ、地主のボアズと再婚を果たす。夫婦の子オベドは、結婚してエッサイをもうけた。やがてエッサイも結婚して多くの子をもうけるが、その末子ダビデがのちにイスラエルの王となる。

ルツ（P.055）— 夫婦 — ボアズ（P.061） 〜 ダビデ（P.072）

生き別れた息子ヨセフの願いで、ヤコブとその一族はエジプトに移住。しかし、それから数百年後、エジプトの王ファラオは、あふれんばかりに数を増やすイスラエルの民を危険視し、虐げるようになる。神の啓示を受けたモーセは、イスラエルの民を率いてエジプトを脱出。蛮族から約束の地カナンを奪還し、イスラエル12部族で支配することとなった。

モーセの右腕だった青年。カナンにたどり着く直前にモーセが亡くなり、そのあとを継いでイスラエルの民を率いて戦った。カナンを奪還したのちに亡くなるが、その役割はほかの士師に継がれていく。

ヨシュア（P.050）

後継者

制圧

約束の地カナン

地中海とヨルダン川・死海に挟まれた地域一帯のこと。神がアブラハムの子孫に与えると約束したため、イスラエルの民はそこに定住しようとした。

役割を継承

士師

困難な状況に陥ったイスラエルの民を救うために、神が遣わす者たちを総じて士師と呼ぶ。『旧約聖書』の「士師記」には、彼らの活躍や功績が細かに記されている。

デボラ（P.051）

エフタ（P.052）

ギデオン（P.053）

サムソン（P.054）

オトニエル（P.058）

エフド（P.058）

バラク（P.059）

第2章 出エジプトと士師の登場
物語

【英雄モーセと律法】

モーセを通して神から与えられた律法と契約

第2章では、モーセによる「出エジプト」から、ヨシュアによる聖地カナンの奪還、さらにカナンをめぐる士師たちの物語に登場する人々を紹介していく。

そのなかでも、とくに重要な人物といえば、やはりモーセだろう。海がふたつに割れる逸話や「モーセの十戒」は世界的にも有名だが、そもそも十戒とは一体なんなのか。これは神がイスラエルの民に与えた戒律（律法）のことだ。

この時代、イスラエルの民はエジプトで奴隷として虐げられていたため、神はモーセを通してイスラエルの民を救い出した。そして彼らに、自分の僕となるかどうかを決断させたのである。当然、イスラエルの民はこれを了承するのだが、このとき、その約束（契約）の証として神がイスラエルの民に授けたのが十戒である。その内容は右の通りで、ユダヤ教徒はこれらの戒律を守って生活している。ちなみに第四戒の「安息日」は、金曜の日没から土曜の日没にあたり、この時間は家事などを含む、あらゆる労働が禁止されている。

ここで特筆すべきは、聖書では十戒を神の命令ではなく、契約として扱っている点だ。イスラエルの民には「十戒を守る」という掟が定められたが、それと同時に神にも「民に祝福を与える」という義務が発生している。よく欧米は「契約社会」などといわれるが、そうした思想は聖書のなかに表れているのである。

●モーセの十戒

第一戒	私のほかになに者をも神としてはならない
第二戒	いかなる偶像をも作ってはならない
第三戒	神の名をみだりに唱えてはならない
第四戒	安息日を心に留め、これを聖とせよ
第五戒	あなたの父と母を敬え
第六戒	殺人を犯してはならない
第七戒	姦淫してはならない
第八戒	盗んではならない
第九戒	隣人について偽証してはならない
第十戒	隣人の家や財産をむさぼってはならない

【士師による聖地奪還の戦い】

幾度となく繰り返される神の怒りと恩恵

モーセとエジプトを脱したイスラエルの民は、原住民であるカナン人を倒し、聖地カナンを奪還。その領土をイスラエルの12の部族で分配する。しかし、これでイスラエルの民に安息の時が訪れたわけではなかった。領土を手に入れたことで、今度は外敵の脅威に悩まされることになったのだ。

外敵との戦いで活躍したのが「士師」と呼ばれる人々だ。外敵によって民族が存亡の危機に陥るたびに士師が登場し、見事にこれを撃退するのだが、実は士師が現れる前には、必ずイスラエルの民が神を蔑ろにし、堕落するというお決まりのパターンがある。その結果、神は怒り、外敵が民族を征服。すると人々は信仰を取り戻し、神の慈悲で士師が遣わされるという流れだ。

民の堕落〜士師による救済のパターンは、7回も繰り返される。士師の物語は、ひとの心の弱さや愚かさも示しているのだろう。

●おもな士師たち

名前	出身	おもな活躍
デボラ	イサカル族	史上唯一の女性士師。20年にわたってイスラエル民族を支配したカナン王ヤビンに対抗。ナフタリ族のバラクとともに、これを撃退した。
エフタ	イサカル族	イスラエル民族を率いて、襲来してきたアンモン人と戦った。この戦いで勝利をおさめるが、引き換えに最愛の娘を失ってしまう。
ギデオン	マナセ族	領地に襲来し、略奪行為を繰り返していた砂漠の民ミディアン人と対決。見事にこれを撃退している。
サムソン	ダン族	ペリシテ人と戦った怪力無双の男性。かなり野蛮な性格で、ちょっとしたことでひとの命を奪っている。
オトニエル	ユダ族	イスラエルの民に重税を課し、苦しめていたメソポタミア王クシャン・リシュアタイムに抵抗。その支配から民族を解放した。
エフド	ベニヤミン族	18年にわたってイスラエル民族を支配した、モアブ人の王エグロンに対抗。策略を用いてエグロン王を暗殺し、モアブ人を撃退する。
バラク	ナフタリ族	デボラとともに、20年にわたってイスラエル民族を支配したカナン王ヤビンに対抗。司令官として最前線に立ち、敵将を打ち破る。

モーセ

Moses

出典：出エジプト記　**立場・役職**：預言者
役割：イスラエル人の解放を訴え、歴史に名を残す

モーセ五書

偉大な指導者モーセは、『旧約聖書』のなかでも屈指の重要人物だ。エジプトで生まれた彼は、のちにイスラエル人に苦役を強いるエジプト人を殺害し、ミデヤン地方へ逃れた。その後、彼はシナイ山で啓示を受けて神の杖を授かり、数十万のイスラエル人を率いてエジプトを脱出。40年の歳月をかけて、約束の地であるカナンを目指した。

✝ ヤコブの子であるレビの一族

ヤコブの息子ヨセフはエジプトの宰相となり、大飢饉の際に父と兄弟たちをエジプトに呼び寄せた。その後、彼らの子孫はエジプトで繁栄したが、ヤコブの三男レビの一族がモーセを輩出した頃にはヨセフの偉業は忘れ去られ、イスラエル人は迫害されていた。

✝ ファラオを苦しめた十の災い

ファラオがイスラエル人の解放を拒むと、エジプトを十の災いが襲った。最後の災いでは家畜も含めたすべての初子が死亡し、ファラオはイスラエル人の追放を決める。

激しい雷と雹が降り注ぐ、7番目の災いを描いた絵画。

19世紀の絵画。最後の災いで初子＝長子が死亡し人々が混乱に陥っている。

モーセが起こした
数々の奇跡

モーセが起こした奇跡のなかでも、紅海を割ってファラオの軍隊から逃れた話はとくに有名だ。

✝ 神から授かった十の戒律

エジプトを発ったのち、モーセたちはシナイ山のふもとに到着。すると神がモーセに語り掛け、彼は「私との契約を守るならば、聖なる国民となる」という神の言葉を人々に伝えた。その後、山に登ったモーセは神から人々が守るべき10の戒律（十戒）を告げられ、それを神が指で記した2枚の石板を授けられた。

illustration : NAKAGAWA

アロン

Aaron

出典：出エジプト記　**立場・役職**：モーセの兄、大祭司
役割：モーセをサポートし、イスラエル人の解放を進めた

モーセの兄。最初に神のお告げを受けた際、モーセは口下手な自分では人々の信用を得られないと、役目の辞退を申し出た。しかし、雄弁だったアロンが、神に導かれて弟と再会。以後、彼はモーセに神が語った言葉を人々に伝える役目を負い、とくにエジプトからイスラエル人の解放を求めるファラオとの交渉で活躍する。エジプトからの脱出後、モーセに十戒を授けた神の指示によってアロンと彼の息子たちは神に仕える祭司となり、その立場からモーセを支え続けた。

illustration：三好載克

第2章　出エジプトと士師の登場　Exodus and the advent of the Judges

 モーセを怒らせた子牛の像

モーセが十戒を授かるまで40日かかり、アロンは弟を待ちきれぬ民衆に求められ、集めた金の装身具をもとに子牛の像を作ってしまう。神に知らされたモーセは、急ぎ戻って像を破壊。この罪により3000人が処分された。

17世紀の絵画。像の周りで騒ぐ民衆の左奥に駆け付けたモーセがいる。

048

ファラオ

Pharaoh

出典：出エジプト記　立場・役職：エジプトの王
役割：神の民を奴隷のように扱った報いを受ける

　「ファラオ」はエジプトの王を指す称号で、ここではモーセの時代のファラオを紹介する。かつてヨセフは大飢饉からエジプトを救ったが、モーセの時代にはすでに忘れ去られ、時のファラオはエジプト人よりも増えたイスラエル人を脅威と感じていた。そこで、彼らを減らすために生まれた男児を殺すよう布告。その一方、貴重な労働力としてイスラエル人を重宝してもおり、聖書には彼らを奴隷のように働かせ、毎日一定数のレンガを納めさせていた様子が記されている。

✝ モーセと対峙したファラオ

モーセや歴代ファラオの活動時期は確定されておらず、イスラエル人解放を巡ってモーセと対峙したファラオが誰なのかは不明だ。古い時代には、ラムセス2世とする説もあったようだが、現在は支持されていない。

アブ・シンベル神殿の壁画に、戦士の姿で描かれたラムセス2世。

illustration：七片藍

ヨシュア

Joshua

歴史書

出典:出エジプト記／ヨシュア記　**立場・役職**:モーセの後継者
役割:偉大な指導者のあとを継ぎ、約束の地に到達した

第2章 ― 出エジプトと士師の登場　Exodus and the advent of the Judges

ヨセフの息子エフライムの子孫で、エフライム族の族長。若い頃にモーセの従者となり、神と共にあるモーセを間近で目にしつつ成長する。シナイ半島を北上する際、各部族の代表11人と共にカナンを偵察。うち10人が制圧は無理と報告し、これを信じた民衆は神の怒りを買うが、「恐れず進むべき」と主張したヨシュアは神に認められた。その後、一行は死海の東を北上してヨルダン川東岸に到達。そこでモーセは亡くなり、後継者となったヨシュアが民衆を率いてカナンへ入った。

✝ 十戒が記された石板を納めた契約の箱

十戒の石板を納めた箱は契約の箱と呼ばれる。カナン侵攻では増水したヨルダン川が障害となったが、契約の箱を先頭に進むと、水がせき止められて道が開けたという。

南フランスのサント・マリー聖堂にある契約の箱のレリーフ。

illustration:長内佑介

デボラ
Deborah

| 出典：士師記 | 立場・役職：士師／預言者／軍事指導者 |

役割：弱気なバラクをサポートして勝利へ導く

歴史書

聖書の『士師記』に登場する女性の士師。当時、イスラエルの民は20年にわたってカナン王に支配されていた。民の指導者だったデボラは、神の命令に従って同じく士師のバラクに呼びかけ、自分も同行する条件で軍を招集。900台もの戦車を擁する将軍シセラの軍勢を、キション川におびき寄せて全滅させた。シセラは王の全軍を率いていたため、カナン王の力は大きく減退。のちにデボラたちはカナン王をも滅ぼし、40年に及ぶ平和をもたらした。

✝ イスラエルの民を導いた預言者

ヨシュアとイスラエルの民はカナンで領土を広げた。しかし、先住民を滅ぼさなかったため、新たな世代が異教の神を崇め始め、これを正そうと神に遣わされたのが、指導者にして預言者でもある士師たちだ。

19世紀のフランスの画家、ギュスターヴ・ドレが描いたデボラ。

illustration：双羽純

051

エフタ

Jephthah

出典：士師記　立場・役職：士師
役割：神との誓いを守ったゆえに、娘を失ってしまう悲劇

　エフタはギルアドと呼ばれたヨルダン川東岸で生まれた。母が遊女だったため、のちに家を追い出されたが、力ある勇士だったエフタの周囲にならず者たちが集まり、トブという土地で彼らと暮らした。その頃、ギルアドは18年間アンモン人に脅かされていた。しかし、異教の神を崇めた人々は改心してアンモン人との戦いを決意。「ギルアドの頭になってほしい」と長老たちに頼まれたエフタは、軍の指揮を引き受けてアンモン人と戦い、神の加護を得て彼らを打ち負かした。

凱旋したエフタを出迎えた娘

戦いの直前、エフタは「家の戸口から迎えに出た者を捧げる」と神に誓った。ところが、家に戻った彼はひとり娘に迎えられ、誓願通り娘を神に捧げることになった。

嘆くエフタに、娘は神への誓い通りにすべきと主張。運命を受け入れた。

illustration：七片藍

ギデオン
Gideon

出典：士師記　立場・役職：士師
役割：神の命に従い、神による作戦を実行して作戦に勝利

歴史書

　マナセ族の士師。当時、イスラエルの民は7年にわたりヨルダン川東の砂漠に住むミディアン人に脅かされ、ギデオンは人々を救えと神に命じられる。当初は信じられなかった彼も、御使いに印を示されて納得。32000人の兵を集めると、神に命じられるままふるいにかけ、最終的に残った300人の兵士たちと共に、ミディアン人の陣を包囲、奇襲した。神の加護もあり、混乱した敵軍は同士討ちの末に敗走。追撃したギデオンは、呼応して現れた同胞たちと共に敵の長4名を討ち取った。

✝ 異教の神バアルを排斥

カナンの周辺地域では、バアルやアシェラといった異教の神への信仰があり、イスラエルの民も影響を受けた。神の啓示を受けたギデオンは、父が所有するバアルの祭壇を破壊したことから「エルバアル」とも呼ばれた。

後世の悪魔学で、バアル神は悪魔バエルと結びつけられている。

illustration：藤川純一

サムソン
Samson

出典：士師記　**立場・役職**：士師
役割：神に捧げられ生まれたが、禁忌を破り最期を迎える

ペリシテ人からイスラエルの民を救うため、ナジル人として誕生した士師。宴席での謎解きを機にペリシテ人と争い始め、多くの敵を倒した。その後、妻にしたペリシテ人のデリラに裏切られ、髪を剃られて奴隷にされるが、やがて髪が伸び始めて怪力が復活。のちに神殿での見世物にされると、彼は柱を倒して神殿を崩し、その場にいたペリシテ人の領主たちを道連れに亡くなった。

第2章　出エジプトと士師の登場　*Exodus and the advent of the Judges*

髪に宿った神の加護

ナジル人とは誓願をして神に身を捧げた者のこと。髪を切ってはいけないなどの制約があり、サムソンの髪は神の加護を受けていた。

illustration：日田慶治

ナオミとルツ
Naomi and Ruth

出典：ルツ記　立場・役職：ダビデの曾祖母（ルツ）、ルツの義理の母（ナオミ）
役割：日常を真摯に生きたふたりの女性に訪れた幸福

　『ルツ記』に登場する女性たち。ナオミには夫とふたりの息子がいたが、3人に先立たれると息子たちの嫁に故郷での再婚を勧めた。しかし、義母を案じたルツはナオミの故郷ベツレヘムへ同行。献身的に家計を支えたルツは、ナオミの夫の親類ボアズに見初められ、新たな幸福を掴むことになった。

illustration：池田正輝

ラハブ
Rahab

出典：ヨシュア記	立場・役職：エリコの遊女
役割：エリコの王を欺き、自身と一族を救うことに成功	

　ヨルダン川西岸にあるエリコの街の遊女。街の城壁内で暮らしており、偵察に現れたヨシュアの斥候２名を宿に泊めた。ほどなく密告によって衛兵が現れたが、イスラエル人とその神について耳にしていたラハブは、すでにふたりが出て行ったと証言。衛兵たちが去ると、彼女は自身と一族の安全を斥候たちに誓わせ、秘かに街から脱出させる。その際、ラハブたちは窓に結び付けた深紅の紐を目印とし、後日エリコが征服されたとき、ラハブの一族だけは命を繋いだのだった。

illustration：誉

ミリアム
Miriam

出典：出エジプト記	立場・役職：預言者／モーセの姉
役割：モーセをサポートし、勝利の讃美歌を神に捧げる	

　モーセとアロンの姉。母が川岸の茂みに隠した生後三ヶ月のモーセを見守り、ほどなく弟を見つけたファラオの娘と交渉。結果、母は王女のもとでモーセを育てることができた。後年、神に命じられたモーセがイスラエルの民をエジプトから脱出させる際も、ミリアムは弟をサポート。ファラオの軍に追われながらも、奇跡によって無事に紅海を渡り終えると、タンバリンを手にした彼女は、踊りながら神を讃える歌を歌い始める。すると、女性たちもミリアムに続いて同様に歌い始め、皆で喜びを分かち合うのだった。

illustration：藤川純一

エルアザル
Eleazar

出典：出エジプト記／レビ記／民数記／ヨシュア記　立場・役職：大祭司
役割：忠誠心が厚く大祭司の祖となった

　モーセの兄アロンの三男。モーセに率いられてエジプトを脱出したのち、やがて一行はシナイ山に到着した。ここでモーセは神より十戒を授けられ、その神の指示によってエルアザルは父や兄弟と共に、神に仕える祭司となった。ところが、ふたりの兄ナダブとアビフは、規定に沿わない方法で神に火を捧げて命を落とし、のちに旅の途中で父が亡くなると、神に命じられてエルアザルが大司祭となる。以後、彼は各部族長との会見などに同席。後年、モーセの後継者ヨシュアとカナンへ到着したのちも、最期まで使命を務めた。

illustration：米谷尚展

アカン
Achan

出典：ヨシュア記　立場・役職：泥棒
役割：神に罪を告白しなかったため非情な最期を迎える

　ユダ族の男性。モーセの後継者ヨシュアに率いられ、エリコの街を攻略した。その際、街の金と銀、青銅と鉄の器は神の宝物庫へ収め、ほかはすべて滅ぼして神に捧げるはずだったが、アカンはその一部を横領。そのため、イスラエルの民は続くアイの街の攻略に失敗し、ヨシュアは神に横領があったと告げられる。この翌日、神の指示に従ったヨシュアの追及により、アカンの罪が発覚。彼と家族は投石刑に処され、財産はすべて燃やされてしまった。

illustration：磯部泰久

057

オトニエル
Othniel

出典：士師記　立場・役職：士師
役割：ヨシュア亡きあとにイスラエルをまとめた最初の士師

　ユダ族の族長カレブの甥。ヨシュアの死後、イスラエルの民は各部族ごとにカナン征服を継続。ユダ族はカナン南西部に領土を広げ、オトニエルはデビルの街を攻略した功績で、カレブの娘を妻とした。その後、新たな世代が異教の神を崇め、神の戒めによりメソポタミアの王クシャン・リシュアタイムに支配された。すると民衆は本来の神に救い求め、士師として立ち上がったオトニエルが敵を打倒。その後は指導者として、40年にわたる平和をもたらした。

illustration：中山けーしょー

エフド
Ehud

出典：士師記　立場・役職：士師
役割：エグロンからイスラエルを救ったベニヤミン族の英雄

　ベニヤミン族出身の士師。オトニエルが亡くなると、またもイスラエルの民は神を忘れた。結果、モアブの王エグロンに18年支配され、神に選ばれたエフドが立ち上がる。彼は、王への貢ぎ物を届ける役目を負って王のもとへ出向き、同行した人々を先に帰した。そして「内密の話がある」と訴えて王に人払いさせると、隠し持っていた両刃の剣で王を暗殺。窓から脱出したのち、急ぎ同胞の元へ戻って兵を挙げ、王を失い混乱するモアブ人たちをすべて打ち倒したのだった。

illustration：藤川純一

第2章　出エジプトと士師の登場　*Exodus and the advent of the Judges*

バラク
Barak

出典：士師記	立場・役職：士師
役割：指導者デボラの命令を忠実に遂行した指揮官

　ナフタリ族の士師。エフドが亡くなったのち、イスラエルの民はカナン王ヤビンに20年間支配された。そんななか、当時の指導者デボラに神の啓示があり、バラクは彼女の指示に従って1万の兵を集め、タボル山を占拠した。一方、ヤビンの将軍シセラは、900台の戦車を含む全軍をキョション川に集結させた。しかし、神によって彼の軍はかき乱され、これを目にしたデボラの号令でバラクと兵士たちが一斉に突撃。逃走したシセラを除く、すべての敵軍を全滅させた。

illustration：池田正輝

アビメレク
Abimelech

出典：士師記　立場・役職：ギデオンの息子
役割：権力と名声を欲したがゆえに迎えた非業の死

　ギデオンの息子。ミディアン人を屈服させた父は、民衆に請われながらも王にはならなかった。しかし、王座を望んだアビメレクは、父の死後にシュケムの街に住む母方の親類を説き伏せ、提供された資金でならず者たちを雇い、兄弟を皆殺しにして王となった。しかし、3年後にシュケムの豪族たちは反乱を起こし、かつて自分たちが支持したアビメレクに討たれた。その彼も、続くテベツの街の戦いで女性が投げ落とした石に頭を砕かれ、側近に介錯を頼んで果てたのだった。

illustration：長内佑介

059

シセラ
Sisera

出典：士師記　立場・役職：カナン王の将軍／デボラの敵
役割：強大な武力を誇るも運命には逆らえず

　カナン王ヤビンに仕えた将軍。900台もの戦車を有する軍事力を背景に、20年ものあいだイスラエルの民を抑圧した。そんななか、士師デボラとバラクが1万の兵を率いてタボル山を占拠。これを知ったシセラは全軍をキション川へ集結させた。ところが、神の意によって軍が乱されたところを攻撃され、シセラはその場から逃走。王と懇意だったカイン人ヘベルの妻ヤエルを頼り、彼女の天幕で休ませてもらうが、眠った彼はヤエルによって殺されてしまった。

illustration：夜鳥

ヤエル
Jael

出典：士師記　立場・役職：ヘベルの妻
役割：一族と親しい者を殺してしまうほどの慈愛

　カナン王ヤビンと親交があったカイン人ヘベルの妻。あるとき、ヤビンの将軍シセラがデボラやバラクに敗れ、ヤエルの天幕に現れた。彼女が水を求めたシセラにミルクを与えると、疲れ切っていた彼はほどなく熟睡。すると、ヤエルは引き抜いた天幕の杭をシセラのこめかみに打ち込み、そこへ彼を追って現れたバラクに遺体を引き渡した。ヤエルがシセラを殺した理由は定かでないが、慈愛に満ちた彼女が抑圧されるイスラエルの民を救おうとしての行動ともいわれている。

illustration：日田慶治

デリラ
Delilah

出典：士師記　立場・役職：サムソンの妻
役割：聖書における「美人局」の物語の主人公

サムソンの妻となったペリシテ人の女性。同胞の領主たちから、大量の銀と引き換えに怪力の秘密を聞き出すよう頼まれ承諾。サムソンに三度嘘をつかれるも、「それで、どうして私を愛しているといえるのか」と問い詰め、怪力の源が頭髪にあると突き止めた。そして、膝枕でサムソンを眠らせたデリラは、秘かにペリシテ人の領主たちに連絡。サムソンは彼らに髪を剃られ、力を失って捕縛された。

illustration：伊吹アスカ

ボアズ
Boaz

出典：ルツ記　立場・役職：ルツが再婚した夫
役割：けなげな女性を助けたいと願った慈悲深き心の持ち主

ナオミの夫エリメレクの親類。夫と息子たちに先立たれたナオミは、息子の嫁ルツとベツレヘムに帰郷。落ち穂拾いで生計を支えようと考えたルツは、偶然にもボアズの畑を訪れる。ルツとナオミの事情を知ったボアズは、ルツがより多くの穂を拾えるよう使用人たちに指示。以後もルツを見守りつつ便宜を図り、彼女の献身と誠実さを知る。ボアズには、エリメレクの家を絶やさぬ親類としての責任もあり、やがて彼はルツと結婚。授かった子どもが、のちに有名なダビデの祖父となる。

illustration：長内佑介

COLUMN①

《聖書にまつわる世紀の大発見》

20世紀に発見された世界最古の写本「死海文書」

　死海文書とは、1947年にエルサレム近郊にあるクムラン洞窟で発見された世界最古の聖書の写本（原本を書き写したもの）のこと。
　実は聖書には原本が存在せず、現在伝えられている内容は、すべて写本によるものだ。最も古い写本でも10世紀頃に書かれたものなので、ユダヤ教やキリスト教が成立した当時のことは謎に包まれていた。しかし、この死海文書は、今からおよそ2000年前に書かれたものだという。まさに聖書が成立した時代についてうかがい知れる大発見といえるのだ。また、その後の調査により、洞窟周辺からはヘブライ語あるいはアラム語で書かれた聖書の写本の断片が続々と出土。最終的には「エステル記」を除いた『旧約聖書』のすべての写本が、ほぼ完全な形で見つかっている。
　世界中が注目するなか「死海文書」の内容が公表された。その結果、判明したのは「死海文書」と、現在伝えられる『旧約聖書』の内容に大きな違いはない、ということであった。これにより、『旧約聖書』は、およそ2000年という長い時代を、ほぼ正確に伝え続けてきたことが明らかとなったのだ。

死海文書（『イザヤ書』の写本）

「死海文書」という名称は、クムラン洞窟が死海の沿岸に位置していたことに由来する。

文書が発見されたクムラン洞窟

この場所は複数の洞窟からなる洞窟群だ。

～旧約聖書～

第3章
イスラエルの統一とふたりの王
The Unity of Israel and Two Kings

第3章 イスラエルの統一とふたりの王
相関図

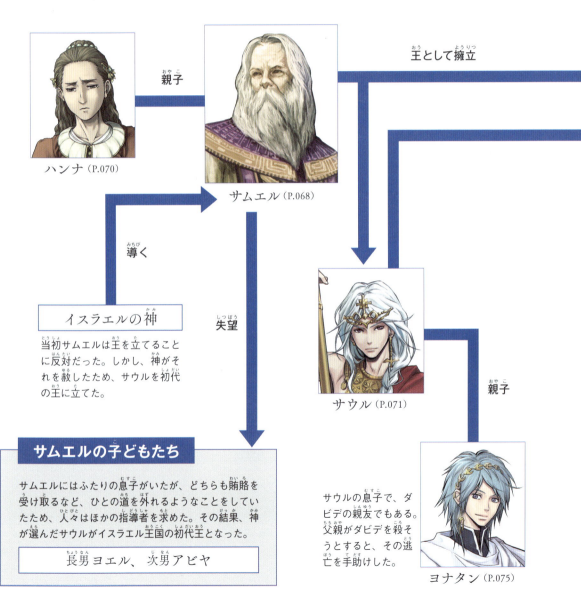

最後の士師サムエルの登場とともに、モーセや士師たちの時代が終わり、物語の舞台は「サムエル記」「列王記」の時代に移る。この時代、イスラエルの民たちは、外敵という脅威に対抗すべく、一族のリーダーとなる王の出現を熱望した。やがてダビデやソロモンという偉大な王をいただき、イスラエル王国は繁栄の時を迎える。

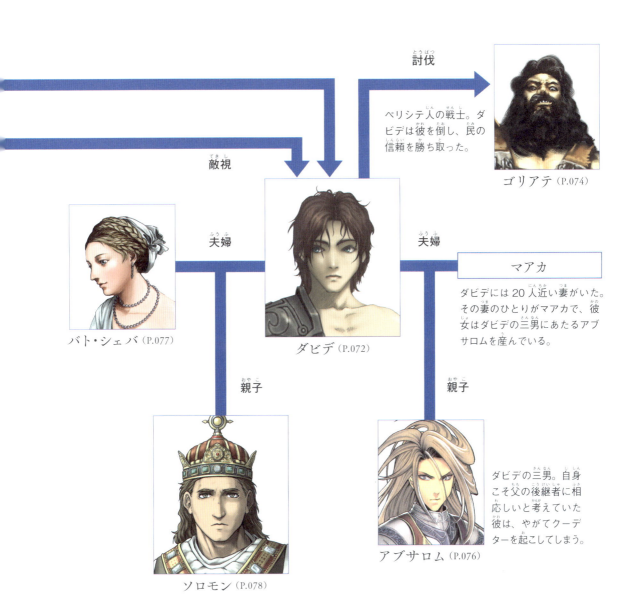

討伐

ペリシテ人の戦士。ダビデは彼を倒し、民の信頼を勝ち取った。

ゴリアテ（P.074）

敵視

夫婦　夫婦

マアカ

ダビデには20人近い妻がいた。その妻のひとりがマアカで、彼女はダビデの三男にあたるアブサロムを産んでいる。

バト・シェバ（P.077）　ダビデ（P.072）

親子　親子

ソロモン（P.078）

ダビデの三男。自身こそ父の後継者に相応しいと考えていた彼は、やがてクーデターを起こしてしまう。

アブサロム（P.076）

第3章 イスラエルの統一とふたりの王
物語

【士師サムエルと初代王サウル】

**神を絶対視するサムエルと
神を軽んじたサウルの対立**

　外敵に対抗するために、リーダーとなる王の出現を望んだ民に対し、神は士師サムエルを通じて、ベニヤミンの若者サウルをイスラエルの初代王に指名する。こうしてイスラエル王国が成立するが、権力を手にしたサウルはいつしか「自分こそが民衆の支配者である」と考えるようになり、敬虔な信徒だったサムエルと対立することになる。

　このサムエルとサウルの物語で描かれているのは「王というのは、あくまでも民を率いるリーダーであって支配者ではない」という思想だ。人類にとっての支配者は、王ではなく、あくまでも神なのだ。だからこそ、王が神に逆らったと思えば、人々は激しく非難するのである。これはサウルも例外ではなかった。

●サムエルとサウルの対立

サムエルが神の命に従い、サウルを初代王とする

サウルは外敵を次々と撃退し、王国を繁栄させる

サウルは神を差し置いて
自らが真の王であると名乗るようになる

傲慢なサウルに対し、
サムエルは「真の王は神である」と対立する

サウルと決別したサムエルは、
神の命に従いダビデを新たな王とする

サムエル
（P.068）

サウルが慢心すると、サムエルは「次の王を探しなさい」という神の言葉に従い、ダビデを次の王に任命する。

【英雄王ダビデと賢王ソロモン】

イスラエル王国に繁栄をもたらしたふたりの王

　サウルの次にイスラエルの王となったのがダビデだ。彼とその息子にして3代目の王であるソロモンは、とても有名なので、聖書を読んだことがなくても、名前を聞いたことがあるかもしれない。

　ダビデは「英雄王」、ソロモンは「賢王」と謳われており、このふたりの時代にイスラエル王国は領土を大きく拡大し、全盛期を迎えることとなった。

　偉大な王であるダビデとソロモンだが、彼らにしても聖書は決して完璧な人間として描いているわけではない。実際、ダビデは不倫という大罪を犯し、ソロモンも多くの女性を妻として迎え贅沢三昧な生活をおくっていた。こうした悪い部分も、しっかり記してあるのが、聖書の面白いところであり、魅力といえるだろう。

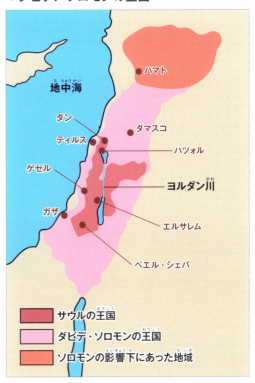

●ダビデ、ソロモンの王国

十戒を納めた伝説の箱の行方

　「契約の箱」とは、モーセが神から授かった十戒が刻まれた石版を納めた箱のこと。『旧約聖書』において最も神聖なもののひとつである。イスラエル民族に数々の栄光をもたらした箱として伝えられ、イスラエルの初代王を決める際も、神はこの箱を通して、サムエルに自らの意思を伝えたとされている。この「契約の箱」は、かつてはエルサレムのヤハウェの神殿に置かれていたそうだが、いつの間にか紛失した。新バビロニアのネブカドネツァル2世によってエルサレムが占領された際、預言者エレミアによりネボ山に隠された、あるいはソロモン王の時代にシバの女王によってエチオピアに移されたなど、その所在については諸説あり、具体的なあり処は今も謎のままである。

サムエル
Samuel

出典：サムエル記・上　立場・役職：預言者／士師
役割：神に従うことの重要性を人々に知らしめた多大な功績

歴史書

王政への過渡期に現れた預言者にして最後の士師。母ハンナが神に授けられて誕生し、祭司エリに育てられるなかで、神の声を聞くようになる。やがて成長した彼は、ミツパで集会を開いた際に襲ってきたペリシテ人を神の加護を受けて撃退。これを機にサムエルは士師として民衆を治め、奪われた街をいくつか取り戻す。しかし、のちに誕生した彼の息子たちは道を外れてしまい、民衆に求められたサムエルは、神の指示に従って王を擁立することになった。

✝ 育ての親である司祭エリ

サムエルを育てたエリは士師でもあったが、彼のふたりの息子は神を軽んじていた。そのためエリ一家に神罰が下り、のちの戦いで息子たちは戦死。このとき契約の箱が敵に奪われ、知らせを受けたエリも椅子から倒れ、首を折って亡くなった。

サムエルは、お告げによって神がエリ一家に下す裁きを知り、それをエリに伝えた。

✝ 主の意思によって生まれた神の子

ハンナは子どもに恵まれず、「男児を賜ったら、その子の生涯を神に捧げる」と神に誓ってサムエルを授かった。そのため、サムエルは乳離れすると司祭のエリに託され、神のもとで育った彼は、やがて神の声を聞くようになる。

幼き日のサムエル。エリの息子たちは素行が悪く、サムエルはエリにより愛されて育った。

✝ ふたりの王を擁立したサムエル

サムエルが最初の王としたベニヤミン族のサウルは、周囲の敵に立ち向かってイスラエルの民を救った。しかし、やがて彼は慢心して神に背き、サムエルは新たに神が選んだダビデを擁立することになった。

神に選ばれたダビデは琴の名手で、当初はサウルに仕えていた。

強い信仰心をもち主を絶対とする

サムエルは、絶対的存在である神を自身の主としていた。そのため王の擁立には否定的だったが、それが神の意志だと知ってサウルやダビデを擁立した。

illustration：池田正輝

ハンナとペニナ
Hannah and Peninnah

出典：サムエル記・上　立場・役職：サムエルの母（ハンナ）／2番目の妻（ペニナ）
役割：愛情に対する嫉妬と、神に願いを乞うたことで得られる幸福

歴史書

第3章　イスラエルの統一とふたりの王　*The Unity of Israel and Two Kings*

エフライム族の男性エルカナの妻たち。当時の人々にとって、子どもによる家系の存続は重要事項だったが、複数の息子や娘たちに恵まれたペニナに対し、ハンナはいっこうに子どもを授からなかった。しかし、夫がよりハンナを愛したため、ペニナは嫉妬からしばしばハンナにつらく当たり、子どもとペニナとの関係が長らくハンナの悩みの種となっていた。やがて思い詰めた彼女は「男児を授かったなら神に捧げる」と誓いを立て、神によってサムエルを授かることになる。

ハンナとは対象的に
子沢山なペニナ

ハンナを慰めた夫は「私はあなたにとって10人の息子に勝るのではないか」と口にした。「10人の息子」というのはあくまで例えだった可能性はあるが、実際にペニナが授かった子どもたちが11人以上いたとすれば、かなりの子沢山といえる。

illustration：七片藍

サウル
Saul

出典：サムエル記・上	立場・役職：初代のイスラエル王

役割：自身の力を過信し、神に背いた男の悲劇的な末路

神に選ばれ、イスラエル統一王国初代の王となったベニヤミン族の青年。イスラエルの東に住むアンモン人や南西のペリシテ人、南方のアマレク人などと戦い勝利した。しかし、「すべて滅ぼせ」という神の命令に背き、アマレクの王を捕縛。さらに、神に捧げるべき家畜を惜しんで残したため、神に見放されてしまう。その後、サウルはふたたび攻め寄せたペリシテ人に立ち向かうが、神の加護を失った彼の軍は敗北。息子たちは戦死し、自身も重傷を負って自害することになった。

✝ 救世主ダビデとの確執

神は新たな王にダビデを選んだ。それを知らずにサウルは彼を重用したが、やがて名を高めたダビデを警戒し、彼の命を狙い始めた。

サウル王とダビデを描いた16世紀の絵画。

illustration：伊吹アスカ

第3章　イスラエルの統一とふたりの王　The Unity of Israel and Two Kings

ゴリアテから奪った剣

ゴリアテの剣は司祭のもとで保管されたが、のちに王から逃亡したダビデが司祭のもとに立ち寄った際、武器を求めた彼に譲られた。

illustration：磯部泰久

ダビデ
David

歴史書

出典：サムエル記・上	立場・役職：イスラエル2代目の王

役割：神のもとでは人はみな兄弟であり、運命を共にする共同体である

　イスラエル2代目の王。サウルに代わる王として神に選ばれ、士師サムエルに祝福される。やがてダビデは琴の名手としてサウル王に仕え重用されたが、のちの戦いで名を高めると警戒したサウルに命を狙われ逃亡。各地を転々とするなか、二度王を討つ機会を得るも手を下さず、しばしイスラエルを離れた。その後、サウルが没してダビデはユダ族の地に帰還。将軍アブネルとの抗争を経て、イスラエルの王となった。

✝ ダビデにまつわる芸術品

西欧でルネサンスが始まった14世紀以降、聖書の人物や出来事も芸術の題材とされた。ダビデを題材とした作品では、イタリアの巨匠ミケランジェロのダビデ像がとくに有名。聖堂の彫刻などのほか、トランプのスペードのキングもダビデがモデルとされる。

✝ 皆が恐れる巨人ゴリアテに 神の加護を信じて立ち向かう

サウルに仕えた頃、ダビデ少年は従軍する兄に食べ物を届けた。そこで巨体を誇るペリシテ人のゴリアテに立ち向かう者がないと知り、ダビデは神の加護を信じて彼との一騎打ちに志願。投石による額への一撃でゴリアテを倒し、戦いを勝利に導いて名を高めた。

19世紀の絵画。身長が3mもあろうかという巨人ゴリアテとダビデ少年の戦いは絵画の題材として好まれ、さまざまな作品が残されている。

✝ ユダヤ民族を象徴するダビデの星

正三角形を組み合わせた六芒星は、ユダヤ教やユダヤ民族を象徴する印とされ、現在のイスラエル国の国旗にも記されている。起源については諸説あって定かでないが、ダビデに由来するとされて「ダビデの星」と呼ばれている。

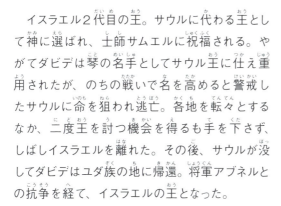

073

ゴリアテ
Goliath

出典：サムエル記・上　立場・役職：ダビデと一騎打ちをした兵士
役割：強大な身体と力に頼って慢心することに対する戒め

歴史書

ペリシテ人の兵士。身長が293cmもある巨漢で、重さ57kgもの鎧をまとい、青銅の投槍3本を背負って腰に剣を帯び、鉄の槍を手にしていた。イスラエルに攻め寄せた軍の戦列に加わり、現れたサウル王の軍勢に一騎打ちで勝負を決しようと連日呼びかけたが、誰も進み出る者がなく睨み合いが続いた。そんなある日、敵の軍勢からダビデ少年が現れる。彼を侮ったゴリアテは槍を手に進むが、ダビデが投石紐から放った石が額にめり込みあっけなく絶命。首を取られてしまった。

第3章　イスラエルの統一とふたりの王　*The Unity of Israel and Two Kings*

ダビデと共に描かれるゴリアテ

小柄な少年のダビデが巨漢のゴリアテを倒した聖書の物語は、西洋では弱者が強者を倒す比喩として使われるほど、一般によく知られている。絵画の題材としても好まれ、ダビデと一緒に描かれたゴリアテの姿は多数の作品に残されている。

illustration：NAKAGAWA

ヨナタン

Jonathan

出典:サムエル記・上　立場・役職:サウルの息子/ダビデの親友
役割:邪悪な父との関係よりも大切にすべきは友との友情

　イスラエル初代の王となったサウルの長男。ペリシテ人のゴリアテを倒したダビデと出会い、契約を結んで彼の無二の友となる。神に見放された父が、のちにダビデを殺そうとし始めると、ヨナタンは父を翻意させようと務めた。しかし、ダビデに対する父の殺意は消せず、ヨナタンはダビデの逃亡に助力して、互いに涙しつつ別れた。その後、ヨナタンは友を追い続ける父の姿から、神と共にあるダビデがいずれ王になると気づくが、友への気持ちは最後まで変わることはなかった。

✝ ペリシテ人との戦いで戦死した

ダビデがイスラエルを離れたのち、サウルはペリシテ人と戦って敗北。ヨナタンも戦死した。知らせを受けたダビデは哀悼の歌を捧げ、のちにヨナタンの息子を保護して彼との固い絆に報いた。

父が敗れたこの戦いでヨナタンも戦死した。

illustration:伊吹アスカ

075

アブサロム

Absalom

歴史書

出典：サムエル記・下　立場・役職：ダビデの三男
役割：心がすれ違ったまま父に反逆して迎えた最期

ダビデの三男。実の妹が異母兄で長男のアムノンに辱められたため、アブサロムは機会を伺い2年後にアムノンを殺して逃走。のちに将軍ヨアブの仲介で帰還を許されたが、長男を愛した父とのあいだにしこりが残る。その後、アブサロムは巧みに人々の心を掴むと、4年後に決起して首都エルサレムに入った。その際、すでに脱出したダビデの策と知らずに、アブサロムは父の友フシャイを登用。彼の慎重策を採用して、父を討つ好機を逃してしまった。

反逆者アブサロムの最期

父に猶予を与えてしまったアブサロムは、のちの戦いで大敗。ラバに乗って逃げた彼は、髪が木に絡まって宙づりになったところを、追ってきたヨアブに討たれた。

ダビデは息子を手荒に扱わないよう指示したが、ヨアブはこれを無視した。

illustration：誉

第3章　イスラエルの統一とふたりの王　*The Unity of Israel and Two Kings*

バト・シェバ
Bathsheba

出典：サムエル記・下　立場・役職：ダビデの妻／ソロモンの母
役割：ダビデ王と過ちを犯すも、のちに賢王の母となる

　ダビデ王に仕えたヘト人ウリヤの妻。水浴びをした彼女は、これを目にした王に呼ばれ、一夜を共にして身籠った。王は、ウリヤを戦場から妻のもとへ帰らせ誤魔化そうとするも失敗。彼を激戦地に送って戦死させ、バト・シェバは喪が明けたのちダビデの妻となる。このときの男児は王への神罰により亡くなるが、王が悔い改めたため、彼女は第二子ソロモンを授かった。

✝ ダビデを狂わせた美貌

バト・シェバの魅力は、神に従順なダビデですら過ちを犯すほどだった。彼の行動を通じ、聖書は容易に誘惑されてしまう人のもろさを示し、戒めている。

バト・シェバが、あえてダビデを誘惑したと解釈する人もいる。

illustration：長内佑介

ソロモン
Solomon

歴史書

出典：列王記・上　立場・役職：イスラエル3代目の王／ダビデとバト・シェバの息子
役割：神に与えられた力を有効に使って得られた富と栄華

イスラエル2代目の王ダビデとバト・シェバの息子。両親と預言者ナタンの計らいで新たな王となる。のちに、夢に現れた神に願い事をかなえると告げられると、彼は善悪をわきまえる知恵を求め、感嘆した神から知恵を授かり、さらに富と栄誉、神と歩み続ける条件で長寿も約束された。こうして神に祝福されたソロモンは、婚姻関係を結んだエジプトをはじめ、周辺諸国と条約を締結。情勢を安定させたうえで、内政に力を注いだ。その結果、王国は神に約束された莫大な富を得て、最盛期を迎えたのだった。

✝ 後世に語り継がれるソロモンの審判

同居するふたりの女性がそれぞれ子どもを産んだが、片方の子どもが亡くなり、それぞれ所有権を主張した。そこでソロモンが子どもをふたつに斬るよう指示すると、一方の女性が子どもを相手に渡すよう懇願。彼はこの女性こそが母親であると裁定を下した。

王の知恵を伝えるこの話は、多数の絵画に描かれたほど有名。

✝ 国を発展へと導いた偉大な王

ソロモンは王宮の高官を任命したのち、全土を12の区画に分けて知事を設置し、組織的な統治体制を整えた。周辺諸国に対しては、貢ぎ物を収めさせつつ支援も行なって不要な争いを防ぎ、通商によって国を発展させた。

父と同様ソロモンを題材とした作品も数多い。

✝ 大天使ミカエルから授かったソロモンの指輪

聖書の正典とされない偽典と呼ばれる文書のなかには、ソロモンが大天使ミカエルから授かった指輪の力で悪霊を制した話がある。後世にはソロモンが悪霊を使役したとする魔術書も現れ、これらを基にして、現代の小説などにもソロモンの指輪が登場することがある。

妻を増やしすぎて神に見放される

聖書の記述によると、ソロモンには700人の王妃と300人の側室がおり、異民族の女性も多かった。晩年のソロモンは、彼女たちに影響されて異教の神を崇め始め、神に見放されてしまった。

✝ ソロモンが建設した神殿

ソロモンは即位4年目から神殿の建設を開始。7年後に長さ27m、幅9m、高さ13.5mの神殿とこれを囲む外陣が完成する。神殿内の中心に設けた内陣には契約の箱が安置され、祭壇をはじめ内部は純金で覆われていたという。

19世紀の建築家が図案化したソロモンの神殿。

illustration：七片藍

ミカル
Michal

出典：サムエル記・上　　立場・役職：サウルの娘／ダビデの妻
役割：永遠と思われた愛をつくり変えてしまった不運な運命

イスラエル初代の王サウルの次女。父は戦いに勝ち続けて名を高めるダビデを恐れたが、ミカルは彼に愛情を抱いた。すると、サウルは敵の手でダビデを殺すため、ミカルとの結婚を餌に割礼したペリシテ人の包皮100枚を要求。ダビデは倍の包皮を持ち帰り、ミカルは彼の妻となるが、なおも父が夫を殺そうとしたため秘かにダビデを脱出させた。彼が逃亡生活を始めると、ミカルは父によって別の男と結婚。父が亡くなったのち、ダビデのもとへ戻ったが、以前の関係には戻らなかった。

✝ ダビデの信仰に理解を示さず子どもを授からぬまま亡くなる

のちにダビデは敵に奪われていた契約の箱を取り戻し、エルサレムへ運んだ。その際、ミカルは力の限り踊って神を讃える夫を目にして軽蔑したため、神罰によって子どもを授からぬまま亡くなる。

16世紀の絵画。信仰への無理解ゆえに、ミカルは神罰を受けてしまった。

illustration：米谷尚展

アビガイル
Abigail

出典：サムエル記・上　　立場・役職：ダビデの2人目の妻
役割：良識に沿った行動によって得られた幸福

歴史書

当初のアビガイルは、ナバルという裕福な男の妻だった。あるとき、夫はサウルから逃亡中のダビデ一行に食料を分けて欲しいと頼まれたが、無礼な態度で拒否した。地元がダビデたちに守られていたと知るアビガイルは、すぐに自ら大量の食料をダビデのもとへ送り、夫の非礼を謝罪。ダビデは怒りを鎮めた。ところが、数日後にナバルは神罰によって絶命し、アビガイルはダビデの申し出を受けて、彼の妻に迎えられた。

亡き夫の資産を相続した？

ダビデがアビガイルを妻とした背景には、彼女が相続した夫の財産があったとする説もある。ともあれ、聡明な彼女はのちにダビデの次男の母となった。

illustration：双羽純

ヨアブ
Joab

出典：サムエル記・下　立場・役職：ダビデの将軍
役割：神に逆らい保身に走り続けたがゆえの末路

　ダビデの甥。ダビデがサウルから逃亡中だった頃、一族と共に彼と合流。ダビデ陣営の重要な戦力となったが、弟の仇だったサウルの将軍アブネルをダビデの意に反して殺すなど、当初から自身の考えを優先する傾向があった。ダビデが即位したのち、将軍となったヨアブは徐々に地位の維持に固執し始め、のちに反乱を起こしたダビデの三男アブサロムや、新たに将軍に任命されたアマサまでも殺害。ダビデには裁かれなかったが、彼の遺言により新王ソロモンに粛清された。

illustration：藤川純一

ナタン
Nathan

出典：サムエル記・下　立場・役職：預言者
役割：神の律法を尊重し「真の信仰とはなにか」を人々に伝える

　ダビデに信頼された預言者。神の意志をダビデに伝え、彼が過ちを犯せば叱責もした。とくに、ダビデが臣下だったウリヤの妻バト・シェバと一夜を共にし、その過ちを隠そうとウリヤを死に追いやった際は、皮肉に満ちた例えを通じて厳しく追及。結果、罪を告白したダビデは神罰により第一子を失うも、神に見放されずに済んでいる。また、ダビデが神殿建設を考えた際は、神に告げられた意思をダビデに明かし、神殿建設はダビデの息子ソロモンに託されることになった。

illustration：中山けーしょー

第3章　イスラエルの統一とふたりの王　*The Unity of Israel and Two Kings*

082

～旧約聖書～

第4章

南北王朝と偉大な預言者たち

The Northern & Southern Dynasties, and the Great Prophets

第4章 南北王朝と偉大な預言者たち
相関図

北イスラエル王国（北王国）

それまでのイスラエル王国は、ヤコブの血族である12部族で構成されていた。しかし、ソロモン王が死去すると、王家に対する不満が噴出。部族間の統率がとれなくなり、ユダ族とベニヤミン族を除いた10部族が独立を宣言する。こうして生まれたのが、ヤロブアムを新たな王とする北イスラエル王国だ。

アヒヤ
ソロモンの時代に活躍した預言者。『旧約聖書』の「列王記」には、10部族が独立して北イスラエル王国が誕生するというアヒヤの預言が記されている。

主の言葉を伝える

南北分裂後、北イスラエル王国は200年ほど存続した。その過程でアハブなど、多くの人間が指導者を務めたが、暴君や暗君が多かったようだ。

対立
殺害を計画
仕える

指導者
アハブ (P.103)

指導者
ヤロブアム1世 (P.088)

預言者たち

イスラエル王国が北と南に分裂したあとも、預言者たちの役割は変わらず、主の教えを広めるために各地で活動していた。彼らは民衆の偶像崇拝やモラルの低下を激しく非難している。また、『旧約聖書』の「大預言書」に分類される「イザヤ書」や「エレミヤ書」などは、この時代の預言者たちの著書だ。

エリヤ (P.090)

エリシャ (P.091)

指導者となったソロモンは、イスラエル王国を大いに繁栄させた。しかし、民に重税を課すなど、その政策に不満を抱く者も多く、ソロモン王が崩御するや否や、ヤロブアムがイスラエル10部族を従えて独立。イスラエル王国は、ヤロブアムが治める北イスラエル王国と、ソロモンの息子であるレハブアムが治めるユダ王国に分裂してしまう。

ユダ王国（南王国）

　ソロモンが亡くなると、その息子であるレハブアムが王位を継ぐことになる。このとき10部族は彼に反発し、クーデターを起こして独立。一方でユダ族とベニヤミン族はレハブアムを支持し、南のユダ王国が誕生した。北イスラエル王国は200年ほどで滅んでしまうが、ユダ王国は350年ほど存在している。

ソロモン（P.078）

親子

指導者
レハブアム（P.103）

指導者
ゼデキヤ（P.106）

　王国の最後の王となるゼデキヤは、周辺諸国の誘いに乗ってバビロニアに反旗を翻し、これが原因でユダ王国も滅ぼされてしまった。

イザヤ（P.092）

エレミヤ（P.094）

エゼキエル（P.095）

ダニエル（P.096）

085

第4章 南北王朝と偉大な預言者たち
物語

【王国の分裂と滅亡】

信仰を失った民と預言者たち

第4章では、『旧約聖書』の最後の部分にあたるイスラエル王国の分裂から、新バビロニアによる捕囚と解放までの物語と、そのなかに登場する人々を紹介していく。

ダビデやソロモンといった偉大な王のもと、大きな繁栄を遂げたイスラエル王国。しかし、ソロモンの息子レハブアムが王座につくと、民の不満が噴出し、クーデターが勃発する。その結果、イスラエル王国は北イスラエル王国と、ユダ王国に分裂してしまう。右の図はそれぞれの領土を示したもの。北イスラエル王国のほうが領土が大きく（＝耕地面積も大きい）、経済的に優位であったが、情勢は不安定で、クーデターが頻発したという。

王国分裂後には、民が異教の神を崇め、それを批判する預言者が多数現れた。イザヤやエレミヤといった預言者たちは、自分たちの神を忘れ、異教の神々を崇拝する人々に対し、「真の神はひとりである」と警鐘を鳴らしている。だが、こうした預言者たちの活動にも関わ

●南北王朝時代

らず、異教の神への信仰や偶像崇拝はなくならず、やがてイスラエルの民は王国の滅亡と、他国による捕囚（移住を強制されること）という末路を迎えることになる。

南北にわかれた
イスラエル王国の末路

下の表の通り、分裂後の北イスラエル王国とユダ王国には多くの王が誕生したが、敬虔な王は一握りだった。そのため、人々は堕落し、最終的には他国の侵略によって滅亡する。北の民はアッシリアの捕囚となったのち、歴史の闇に消え、南の民もバビロン捕囚という苦難を味わうことになった。

王国分裂時代には多くの預言者が現れた。彼らのいう「預言」とは、未来を予測する「予言（予知）」ではなく、神の啓示のこと（ただし、予言と預言を区別するのは日本だけ。英語ではどちらも「プロフェシー」）。聖書では、預言者は神の言葉を伝え、人々に警鐘を鳴らす存在として描かれている。彼らは相手が王などの権力者であろうと、神に背いていると思えば容赦なく批判した。こうした行為が許されるのは、イスラエル民族の根底に「自分たちは神と契約を結んだ」という思想があるためだ。

●イスラエル王国とユダ王国の歴代王

年代	イスラエル国王	在位	ユダ国王	在位
紀元前950年代	ヤロブアム	前924 ?～前907 ?年	レハブアム	前924～前907 ?年
	ナタブ	前903～前902年	アビヤム	前907～前906年
紀元前900年代	バシャ	前902前886年	アサ	前905～前874年
	エラ	前886～前885年	ヨシャバテ	前874～前850年
	オムリ	前885～前873年		
紀元前850年代	アハブ	前873～前851年	ヨラム	前850～前843年
	アハズヤ	前851～前849年	アハズヤ	前843年
	ヨムラ	前849～前843年	アタルヤ	前843～前837年
	イエフ	前843～前816年	ヨアシュ	前837～前800年
	ヨアハズ	前816～前800年		
紀元前800年代	ヨアシュ	前800～前785年	アマツヤ	前800～前791年
	ヤロブアム2世	前785～前745年	ウジヤ	?～?年
紀元前750年代	ゼカルヤ	前745年	ヨタム	?～前742年
	シャルム	前745年	アハズ	前742～前727年
	メナヘム	前745～前736年	ヒゼキヤ	前727～前698年
	ベカフヤ	前736～前735年		
紀元前700年代	ベカ	前735～前732年	マナセ	前697～前642年
	ホセア	前732～前723年		
紀元前650年代			アモン	前642～前640年
			ヨシヤ	前639～前609年
			ヨアハズ2世	前609年
			ヨヤキム	前608～前598年
紀元前600年代			ヨヤキン	前598～前597年
			ゼデキヤ	前597～前587／586年

ヤロブアム1世
Jeroboam I

出典：列王記・上　立場・役職：初代の北イスラエル国王
役割：神の啓示を受けイスラエルを分裂させる

　ソロモンに見出され、建設現場で監督を務めていた男。ソロモンの死後、その息子である新王レハブアムは、前王以上の重税や重労働を課す悪政をしき、民を苦しめた。そこでヤロブアムは、アヒヤの預言に従い、イスラエル王国の北部で暮らしていた10部族をまとめ上げて独立を果たす。それからヤロブアムは、22年間、初代王として北イスラエル王国を治めた。

✝ エジプトへの逃亡劇

あるとき預言者アヒヤは「偶像崇拝に走り、掟を破ったソロモンへの罰として、王国を分裂させ、あなたに10部族を与えよう。ただ、私に尽くしたダビデのため、そして私が選んだ都市エルサレムのため、1部族だけソロモンに与える」という預言を得る。これを知ったソロモンは、ヤロブアムの殺害を計画するが、彼はエジプト王シシャクのもとへ逃走し、ことなきを得た。

✝ ソロモンの建設事業に従事

城壁の建築に携わっていたヤロブアムは、ソロモンに能力の高さを買われ、その現場の監督に抜擢された。ただ、神殿を建設する際に、民に強制労働を強いたソロモンのやり方に不満を抱き、のちに10部族を率いてイスラエル王国から独立する。

✝ 神を怒らせた　ヤロブアムの偶像崇拝

北イスラエル王国の初代王となったヤロブアムは、民が南のユダ王国へ流出しないように、聖地エルサレムへの巡礼を禁止。さらに、金の子牛像を作り、それを崇めるように民に強要してしまう。

前10世紀頃にソロモンが建設したエルサレム神殿。

ヤロブアムは偶像崇拝をはじめとする不敬行為を繰り返し、やがて主を怒らせてしまう。

その指導力は——ソロモン並？

神の啓示に従っただけとはいえ、10部族をまとめて国を興すあたり、有能だったのだろう。ただ、偶像崇拝を推進したことで神を怒らせている。

illustration：EDA

エリヤ
Elijah

出典：列王記・上下　　立場・役職：預言者
役割：偶像崇拝を推進するアハブ王と対立した

歴史書

エリヤは北イスラエル王国の7代アハブ王の時代に活躍した預言者だ。異教の神バアルを崇拝するアハブや民衆を激しく非難したほか、バアルと主のどちらが本物の神か知らしめるために、神の奇跡をもってアハブに一泡吹かせたこともある。生涯をかけてバアル信仰と戦ったエリヤは、アハブの死後、エリシャという優秀な後継者を得る。その後、彼は天から現れた火の戦車によって神のもとに召された。

カナン人が信仰したバアル

バアルはもともとカナン人が信仰していた嵐と慈雨の神だが、その教えはほかの地域にも広がり、いつしかイスラエルでも信仰されるようになった。アハブ王の時代、エリヤはバアル神の祭司450人と対決し、神の奇跡をもって勝利をおさめ、祭司たちを皆殺しにしたこともある。

illustration：伊吹アスカ

第4章　南北王朝と偉大な預言者たち　The Northern & Southern Dynasties, and the Great Prophets

090

エリシャ
Elisha

出典：列王記・上下　立場・役職：預言者
役割：エリヤの弟子として師にも劣らぬ奇跡を披露

　エリシャは農夫の息子で、エリヤに見出されてその弟子となった。師であるエリヤが火の馬がひく戦車で神に召されたとき、この世を去る前に力を分け与えてほしいと願い、超常的な力を授かる。それから60年にわたり、エリシャは北イスラエルの地で預言者として活動。エリコの町で水を浄化したり、貧困にあえぐ女性に油を恵むなど、さまざまな奇跡を見せた。また、首都サマリアが隣国アラムの軍に包囲されたときは、神の助力があることを預言。間もなくアラム軍は神の奇跡によって追い払われた。

✝ 師弟が忌み嫌った偶像崇拝

主に禁じられ、預言者たちも忌み嫌っていた偶像崇拝とは、人間や動物を模した像を神の代わりに崇めること。仏教の仏像とそれを拝む行為がこれにあたる。宗教によっては、遺体などを崇めることも偶像崇拝とみなされる。いずれにしてもユダヤ教では禁止されている。

illustration：藤川純一

優れた預言者だが凄惨な最期を遂げる

後世のユダヤ教伝承によると、イザヤは14代マナセ王の時代になってから、ひどく迫害された。最期は丸太に押し込められて鋸で切断されて亡くなったという。

illustration：磯部泰久

イザヤ

Isaiah

大預言書

出典：イザヤ書　**立場・役職**：預言者
役割：国の将来を憂い「捕囚」など多くの預言を行う

　ユダ王国の復興に貢献し、ソロモンに次ぐ偉大な王とされた10代ウジヤ王。彼が亡くなったとき、神殿で神の幻を目にし、天使に罪を赦されて預言者となったのがイザヤだ。彼は『旧約聖書』最大の預言者で、その預言の内容は多岐にわたる。そのひとつが、ユダ王国の人々が捕虜として新バビロニアへ連行されるバビロン捕囚だ。イザヤは偶像崇拝や、貧しい者への迫害をやめるように警告し、これを続ければ神は人々を捕囚の身にすると触れ回った。ことの重大さを訴えるため、全裸で町を歩き回ることもあった。

✝ 預言者イザヤが仕えた王

預言者として数十年活動していたイザヤは、ヒゼキヤやその父であるアハズと関係が深かった。彼は王に直接、預言を伝えられるほど身分が高かったため、王と対立することも多かった。ただ、ヒゼキヤとは良好な関係を築いており、王はイザヤを尊重し、その言葉に耳を傾けていた。

ユダ王国の第13代目の国王ヒゼキヤの肖像画。

✝ 三大預言書「イザヤ書」の作者

イザヤは三大預言書に数えられる「イザヤ書」の著者でもある。この書は前後半にわかれており、前半はユダ王国に対しての警告や神の裁きについて、後半はバビロン捕囚の当事者となる未来の人々への希望や救いについて記されている。また、同時代の王である12代アハズ王や13代ヒゼキヤ王のことも書いている。ヒゼキヤの時代には、神が天使を遣わし、侵略者を退けて国を救うことも預言していた。

✝ 死後に起きたバビロン捕囚

当時、新バビロニアは強国アッシリアに押されていた小国だったので、民はバビロン捕囚など起こらないと思っていた。しかし、イザヤが活躍した時代から100年以上あと、捕囚は現実のものとなってしまう。

新バビロニアに連行されるユダ王国の人々を描いた絵画。この捕囚は数回行われている。

エレミヤ
Jeremiah

出典：エレミヤ書　立場・役職：預言者
役割：預言者ゆえの苦悩や悲しみを神に直接訴える

　前640年頃、エルサレム近郊の祭司の家に生まれ、預言者となったエレミヤ。戦争と飢饉によってユダ王国が滅亡することを預言した彼は、国中から非難された。やがて新バビロニアが台頭すると、当時の王であるヨヤキムはバビロニアと対立姿勢をとる。しかし、エレミヤは逆らうべきでないとし、周囲から反感を買うことに。さらにバビロン捕囚という不吉な預言をしたことで反逆者の烙印まで押されてしまう。やがてこの預言は現実のものとなり、大勢が捕虜として新バビロニアに連行された。エレミヤはユダ王国に残っていた人々に拉致され、その生涯を終えたそうだ。

礼拝堂に描かれたエレミヤ

イタリアの芸術家ミケランジェロが描いたエレミヤの天井画。エレミヤは預言者として、三大預言書のひとつである「エレミヤ書」のほかに「哀歌」も書いたとされる。彼は預言書のなかで新バビロニアによる捕囚が70年で終わることを預言し、見事に的中させている。

illustration：七片藍

エゼキエル
Ezekiel

出典：エゼキエル書　立場・役職：預言者
役割：幻視や幻聴によって神の教えを聞いた

大預言書

　イザヤやエレミヤと並んで三大預言者と称されるエゼキエル。祭司の息子として生まれた彼は、二十歳の頃に1回目のバビロン捕囚民として新バビロニアへ連行された。それから5年後、ケバル川にいたエゼキエルは、そこで神に見出されて預言者となる。エゼキエルは、すぐにユダ王国へ戻れると考えていた捕囚民たちに首都エルサレムの陥落を預言。しかし、それと同時に国の再建という希望も示した。

✝ エゼキエルが目にした幻視

エゼキエルはその生涯で、神の姿を見たり、声を聞く「幻視」や「幻聴」、霊が体に入る「憑依」などの現象を体験している。これらの体験は、後世の芸術家を大いに刺激したらしく、多くの作品を生み出させた。

イタリアの画家ラファエロが描いた『エゼキエルの幻視』。

illustration：中山けーしょー

ダニエル
Daniel

出典：ダニエル書　立場・役職：預言者／高官
役割：捕囚先で教育を受けてエリート高官に

ユダ王国の首都エルサレム出身の貴族でありながら、捕囚された新バビロニアで才覚を表し、預言者、そして有能な高官として名を上げた人物がダニエルだ。第1回捕囚時、彼は友人とともに新バビロニアへ連行される。ときの王ネブカドネツァル2世は、容姿端麗で能力の高い少年たちを選び出して宮廷に仕えさせた。ダニエルはとくに優れた人材とされ、バビロニアに尽くすための英才教育も受けている。このとき「ベルテシャツァル」というバビロニア名も与えられた。

✝ ライオンの巣穴に投げ込まれるダニエル

王が見た不思議な夢の意味を解き明かしたダニエルは、その功績から高官に任命された。それでも異邦人であることに変わりなく、彼に嫉妬した大臣らの策略で獅子の洞窟に放り込まれたこともある。

大臣らは「王以外を拝む者には罰を与える」とし、神を崇めていたダニエルは洞窟に投げ込まれるが、神の加護により無傷で脱出した。

illustration：池田正輝

アモス
Amos

出典：アモス書　立場・役職：預言者
役割：堕落したイスラエルの人々に怒りの預言

　アモスは、羊飼いや材木となるいちじく桑の栽培で生計を立てていた貧しい牧夫だ。あるとき神の召命を受けた彼は、その命でユダ王国から北イスラエル王国に移住。聖所のあるベテルやギルガルに赴き、経済格差や汚職・賄賂が横行していることを非難した。ただ、「ヤロブアム2世は剣で死に、イスラエルはその国から必ず捕えられる」と、王家をも厳しく糾弾したことで、アモスは北イスラエルから追放される。そのため、彼が活動したのは短期で、長くても数ヶ月ほどとされている。

illustration：日田慶治

エズラ
Ezra

出典：エズラ記／ネヘミヤ記　立場・役職：祭司
役割：ユダヤ民族再興と神への信仰回復に尽くす

　新バビロニアがペルシア帝国に占領されると、ユダヤの捕囚民は解放され、国に帰ることを許された。このとき、彼らとともにエルサレムへ向かい、ユダヤ民族の再興に尽くした司祭がエズラだ。エズラはモーセの律法に精通していた学者でもあり、人々にさまざまな決まりごとや慣習などを守らせた。律法順守こそが再建への近道と考えたのだ。ユダヤ民族の伝承によると、『旧約聖書』の編纂もエズラの功績だ。『旧約聖書』はバビロン捕囚時に失われたが、彼は内容を暗記していた人々を見つけ、書き留めて復元したという。

illustration：藤川純一

ネヘミヤ
Nehemiah

歴史書

出典：ネヘミヤ記　立場・役職：総督
役割：エルサレムの城壁を修理し、民族再興に貢献した

　ユダヤ人ながらペルシア帝国の王アルタクセルクセス1世の側近を務めていたネヘミヤ。あるとき、ペルシアを訪れた同胞から故郷エルサレムの惨状を聞いた彼は、ユダヤ民族の再興を決意。総督として現地に赴き、祭司エズラと力を合わせて復興を進めた。ネヘミヤは命を狙われながらもエルサレムの城壁を修復したり、人々が信仰を取り戻すように啓蒙活動を行った。なお、総督の任務を終えたネヘミヤは一度スサに帰還するが、再度エルサレムに招かれると、今度は終生にわたり、その場所に住んだとされる。

illustration：長内佑介

ユダ・マカバイ
Judas Maccabeus

外典

出典：マカバイ記　立場・役職：戦争の指導者
役割：神を信じ、民を率いて戦ったユダヤの槌

　前167年に起きた史上初の宗教戦争であるマカバイ戦争の英雄。前175年、セレウコス朝シリアの王は、エルサレムを占領し、ユダヤ人を弾圧。すべての民はギリシアの神を崇拝すべしと布告した。しかし、ユダヤの神を信じる祭司マタティアは抵抗し、5人の息子たちと武装蜂起して多数のギリシア人を殺害する。これがマカバイ戦争だ。マタティアの死後、その遺言に従って三男のユダが反乱軍のリーダーに。彼は各地を転戦し、ユダヤ全土を解放。実質的にユダヤの支配者となった。

illustration：日田慶治

ヨナ
Jonah

小預言書(しょうよげんしょ)

出典：ヨナ書　立場・役職：預言者
役割：数々の試練を通じて神の力と深い慈悲を確信

アッシリアが勢力を拡大していた頃、北イスラエル王国にいた預言者。アッシリアの首都ニネベに行き、人々に滅びの預言を伝えるように神に命じられるが、敵国の首都ニネベが滅ぶことを望んだヨナは、この命令を拒否。逃げるように船に乗り込むが、その結果、魚に食べられる事態に。神に助けを求めると、魚はほどなくしてヨナを陸に吐き出した。再びニネベ行きを命じられたヨナは、その通りにして、ニネベの人々は救われた。

ヨナを飲み込んだ 巨大な魚

船に乗り込んだヨナは、海上で嵐に見舞われる。船乗りたちは嵐をおさめるため、神の命に背いたヨナを海に放り投げた。するとヨナは巨大な魚に飲み込まれ、嵐はおさまったという。この魚は、鯨とされることもある。

illustration：磯部泰久

099

ヨブ

Job

出典：ヨブ記　立場・役職：富豪
役割：信仰心の意味をめぐる神とサタンの実験台となる

詩書

第４章 ― 南北王朝と偉大な預言者たち *The Northern & Southern Dynasties, and the Great Prophets*

　その地域で並ぶものがいない大富豪だったヨブは、神を敬う善人で、たくさんの子どもに囲まれて幸せに暮らしていた。しかしあるときサタンが「ヨブは不幸な目にあっても神を敬うのか？」と、神に疑問を投げかける。そこで神は、ヨブを殺さないことを条件に、彼を不幸にすることを許可した。サタンはヨブから家畜と子どもを奪ったり、彼を病気にするが、それでもヨブは信仰心を忘れなかった。その後、友人と話すなかで神を悪くいってしまうが、すぐに過ちだったと後悔し、神に赦しを請う。そして改めて神に祈ったところ、財産や家畜は以前の２倍に、子どもも授けられ、140歳まで幸せに生きたという。

多くを失ってなお
揺るがぬ信仰心

どんなに不幸な目にあっても「主は与え、主は取られる」といって、神を恨まなかったヨブ。一度は神に悪態をつくが、神の偉大さを知り、すぐに過ちを認めたことで、再び幸せを手にしている。

illustration：中山けーしょー

エステル

Esther

出典：エステル記　立場・役職：ペルシア王妃
役割：ユダヤ民族の強い愛国心を具現化した女傑

　幼い頃に両親を亡くし、従兄弟のモルデカイに育てられた少女。成長した彼女は、ペルシア王クセルクセス1世に見初められ、その王妃となった。それからしばらくして、モルデカイが高官ハマンを怒らせ、報復としてユダヤ人が弾圧されそうになる。同胞を救うため、エステルは意を決して王にすべてを暴露した。ハマンが自分の名を騙り、ユダヤ人の虐殺を企んでいると知った王は、ハマンを処刑。こうしてユダヤ人の弾圧は回避された。

illustration：中山けーしょー

ユディト

Judith

出典：ユディト記　立場・役職：聖書版ジャンヌ・ダルク
役割：大胆な作戦で敵将を討ち、イスラエルを救う

　ユダヤ人の団結を高める英雄譚として書かれた「ユディト記」のヒロイン。イスラエルの占領を目論んでいたアッシリア王ネブカドネツァルによって、ベトリアという町と、そこにあった水源が占拠される。ベトリアの住人であったユディトは、味方を裏切るふりをして、アッシリア軍の陣営に潜入。その美貌を活かし、敵の総司令官ホロフェルネスと親しくなると、隙を突いて暗殺する。彼女の命がけの行動により、イスラエルはアッシリア軍を退けることに成功したのだ。

illustration：伊吹アスカ

ネブカドネツァル2世
Nebuchadnezzar II

歴史書

出典：列王記・上下／預言書　**立場・役職**：新バビロニア国王
役割：大規模な建築事業で新バビロニアを繁栄させる

第4章 ｜ 南北王朝と偉大な預言者たち　*The Northern & Southern Dynasties, and the Great Prophets*

　新バビロニアを最も繁栄させた王。急死した父ナボポラサルのあとを継いで新バビロニアの王となった。前586年にユダ王国の人々を捕囚として連行。その後、首都エルサレムと神殿を破壊した。気性は荒いがひとを見る目はあり、捕囚民であるダニエルに教育を受けさせ、高官の地位を与えている。ネブカドネツァルの代で新バビロニアは最盛期を迎えたが、前562年に彼が死去し、息子がそのあとを継ぐと、新バビロニアはペルシアに侵略され、その支配下となった。

✝ 妻のために作った空中庭園

ネブカドネツァルは首都バビロンにおいて、大規模な建築事業を推し進めたことで知られている。とくに有名なのが、妻のために建築したバビロンの空中庭園だ。

自然あふれるメディア王国から嫁いできた妻アミティスのために、巨大な庭園を作った。

illustration：夜鳥

102

レハブアム
Rehoboam

出典：列王記・上	立場・役職：初代ユダ国王

役割：統一王国イスラエルを南北に分裂させた張本人

ソロモンの長男で、そのあとを継いで王になった。ソロモンの圧政による重税と強制労働に苦しんでいたイスラエル12部族の代表者たちは、新王レハブアムに「民の負担を軽くしてほしい」と直訴する。しかし、彼は答えを保留して側近に相談。長老たちは「民の要求に応じるべき」、若い側近は「もっと厳しくするべき」と助言し、レハブアムは若い側近の提案を受け入れてしまう。これに激怒した10部族は、独立を宣言。こうしてイスラエルは南北に分裂することとなった。

illustration：伊吹アスカ

アハブ
Ahab

出典：列王記・上下	立場・役職：7代北イスラエル国王

役割：偶像崇拝を推進して国を堕落させた愚王

政治・軍事的に優れていた北イスラエル王国の6代オムリ王の息子で、父の死後に7代目の王となった。フェニキアとの同盟強化のために王女イゼベルと政略結婚した。彼女は母国に伝わるバアル神を信仰しており、恐妻家だったアハブは、首都サマリアにバアル神の神殿を建ててしまう。これが原因で、エリヤら預言者と対立することになった。一連の行為から暴君とされるアハブだが、北イスラエル王国を大国に押し上げた手腕は評価されている。

illustration：磯部泰久

103

イゼベル
Jezebel

歴史書

出典：列王記・上下　立場・役職：北イスラエル王妃
役割：夫を利用して異教信仰を広めた典型的な悪女

フェニキアの王女で、北イスラエル王国の国王アハブと結婚した。アハブが欲したぶどう畑を手に入れるためとはいえ、ならず者を雇って土地の持ち主を処刑するなど、横暴かつ無慈悲な性格だった。夫アハブもイゼベルを恐れていたらしく、彼女に促されるままにバアル信仰を広めてしまう。アハブとともに預言者エリヤから非難された彼女は、エリヤに刺客を送り込んでいる。

illustration：藤川純一

第4章　南北王朝と偉大な預言者たち　*The Northern & Southern Dynasties, and the Great Prophets*

ホセア
Hosea

小預言書

出典：ホセア書　立場・役職：預言者
役割：偶像崇拝を姦淫に喩えて神の教えを説く

ヤロブアム2世の治世に活動していた預言者。ホセアは神に召命されたのではなく、自分の不幸な結婚生活をきっかけに預言者として目覚めた。彼は神の命に従って娼婦ゴメルと結婚したが、すぐに浮気される。それでもホセアは彼女と別れず愛し続け、妻の不貞を赦した。「妻（民）に裏切られても変わらぬ愛を注ぎ続ける夫（神）を信じ、赦しの恩恵を求めよ」という自身の体験をもとにした話を交え、民を啓蒙したのだ。

illustration：日田慶治

ウジヤ
Uzziah

出典：列王記／歴代記	立場・役職：10代ユダ国王
役割：慢心することの愚かさを身をもって証明	

祭司ゼカリヤの教えに従い、誠実に神を求めたユダ王国の国王。彼は農業を奨励し、軍備を強化。父王の時代に北イスラエル王国に破壊されたエルサレムの城壁も修復し、王国はかつてない栄華を極めた。しかし、あるとき彼は、神に向かって香を焚くという、祭司にしか許されない行為を自ら行ってしまう。その罰としてウジヤは重い皮膚病を患い、病人として隔離され、悔い改めながら余生を送ったそうだ。

illustration：双羽純

ヨシヤ
Josiah

出典：列王記／歴代記	立場・役職：16代ユダ国王
役割：モーセの律法書に従い宗教改革を行う	

ユダ王国の15代アモン王の息子で、8歳で王位を継いだ。国内にはびこるバアルやアシェラなどの異教信仰を排除し、その祭壇も破壊。さらに200年ぶりとなるエルサレム神殿の改修工事にも着手した。このとき、モーセの「律法の書」を発見し、自分たちが神との契約を守れていないことを知った彼は、偶像崇拝の根絶など、宗教改革に力を入れるようになる。その改革は北イスラエル王国にも及んだという。

illustration：池田正輝

ヨヤキム
Jehoiakim

| 出典：列王記／歴代記 | 立場・役職：18代ユダ国王 |

役割：空回りな政策で王国滅亡への第一歩を踏み出す

　ユダ王国の18代目の国王。16代ヨシヤ王がエジプトとの戦いで戦死し、その長男のヨアハズがあとを継ぐ。しかし、彼はエジプトに反乱を起こした罪で幽閉されてしまったため、異母兄のヨヤキムが王位を継ぐことになった。この頃は、エジプトが戦争に敗れたことで新バビロニアがユダ王国を支配していた。王国の再建に燃えていたヨヤキムは、秘密裏に独立計画を推し進めるが、それが叶うことはなく、バビロン捕囚が起きてしまう。

illustration：藤川純一

ゼデキヤ
Zedekiah

| 出典：列王記／歴代記 | 立場・役職：20代ユダ国王 |

役割：新バビロニアとの戦いに敗れユダを滅亡させた王

　新バビロニアの王ネブカドネツァル2世によって、ユダ王国の20代目の国王となったのがゼデキヤだ。ネブカドネツァル2世はゼデキヤを王位に就け、王国を影から支配したのである。そうした背景から、ゼデキヤはネブカドネツァル2世のいうことにはなんでも従った。しかし、あるとき周辺諸国の誘いに乗り、新バビロニアに反旗を翻してしまう。激しい戦いのすえに、首都エルサレムは陥落。最後の王であるゼデキヤも新バビロニアに連行され、ユダ王国は滅亡することとなった。

illustration：長内佑介

ヨナタン
Jonathan

出典：マカバイ記　立場・役職：戦争の指導者
役割：マカバイ戦争を指揮して独立への道を開く

　セレウコス朝シリアの支配下にあったユダヤ人による反乱、マカバイ戦争の指導者のひとり。ユダ・マカバイの弟であり、兄の死後、そのあとを継いで指導者になった。熱血漢だった兄マカバイより策謀に長けていたヨナタンは、知略をもって数々の苦境を打開。兄の仇である敵軍の将バキデスが再度来襲した際には、互角に渡り合い、講和を取りつけた。ヨナタンのこうした活躍もあり、彼の死後にユダヤは念願の独立を果たす。

illustration：中山けーしょー

バキデス
Bacchides

出典：マカバイ記　立場・役職：セレウコス朝の将軍
役割：マカバイ戦争の指導者ユダ・マカバイを倒す

　セレウコス朝シリアのデメトリオス1世に仕えた将軍。マカバイ戦争において、ユダヤの弾圧に尽力した。大祭司アルキモスとともに、精鋭部隊を引き連れてユダヤの地に入ったバキデスは、各地で多くの人々を殺しながらエルサレムに進軍。やがてユダヤの指導者であるユダ・マカバイを討ち取った。しかし、マカバイの弟ヨナタンには手こずり、ついには諦めて和平を結ぶことになった。

illustration：藤川純一

COLUMN②

《イスラエル12部族のその後》

12部族のほとんどが消滅してしまう

12人のヤコブの息子を祖とするイスラエルの民たち。彼らは神の加護により、一時は大いなる繁栄を遂げるが、いつしか栄華に溺れ、神を省みなくなってしまう。その結果、イスラエル王国は南北に分裂し、他国による侵略も相次いだ。さらには強国新バビロニアによる捕囚まで起き、ユダヤ民族はあっという間に衰退。12の部族のうち、北イスラエル王国に属した10部族は消滅して、残ったユダ王国の民であるユダとベニヤミンの人々も、常に他国の支配下に置かれ続けることになる。神から繁栄を約束されたイスラエルの民だが、自らの驕りから、苦難の歴史を歩むこととなったのだ。

●ヤコブの息子とその氏族

ルベン	シメオン	レビ	ユダ
王国が分裂した際は、北イスラエル王国に属していたが、アッシリアの侵攻によって消滅した。	王国が分裂した際は、北イスラエル王国に属していたが、アッシリアの侵攻によって消滅した。	12部族とは別の祭司集団として長らく生き残るが、70年のローマ帝国によるエルサレム陥落の際に消滅。	王国が南北に分裂した際、ベニヤミン族とレハブアムを支持しユダ王国を建国。ユダヤ人の祖となる。

イサカル	ゼブルン	ガド	アシェル
王国が分裂した際は、北イスラエル王国に属していたが、アッシリアの侵攻によって消滅した。	王国が分裂した際は、北イスラエル王国に属していたが、アッシリアの侵攻によって消滅した。	王国が分裂した際は、北イスラエル王国に属していたが、アッシリアの侵攻によって消滅した。	王国が分裂した際は、北イスラエル王国に属していたが、アッシリアの侵攻によって消滅した。

ダン	ナフタリ	ヨセフ（マナセ族、エフライム族）	ベニヤミン
王国が分裂した際は、北イスラエル王国に属していたが、アッシリアの侵攻によって消滅した。	王国が分裂した際は、北イスラエル王国に属していたが、アッシリアの侵攻によって消滅した。	王国が分裂した際は、北イスラエル王国に属していたが、いずれもアッシリアの侵攻によって消滅。	王国が南北に分裂した際、ユダ族とレハブアムを支持しユダ王国を建国。ユダヤ人の祖となる。

～新約聖書～

第5章

イエスの誕生と宣教

Jesus' Birth and Ministry

第5章 イエスの誕生と宣教
相関図

イエスの先祖

イエスの養父ヨセフの家系図を遡ると、古代イスラエルの伝説的な王ソロモンや、最初の預言者にしてユダヤ人やアラブ人の祖でもあるアブラハムに行きつく。由緒正しい家系の生まれなのだ。

- アダム（P.018）
- ノア（P.022）
- アブラハム（P.026）
- ヤコブ（P.034）
- ダビデ（P.072）
- ソロモン（P.078）

ヨセフ（P.121）

夫婦

マリア（P.118）

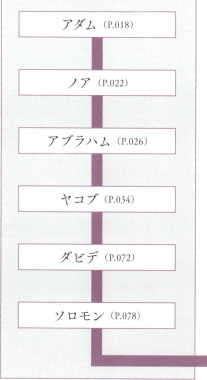

イエス・キリスト（P.116）

ユダの死後に加入

マティア（P.145）

マティアはイエスと長い時間を過ごした弟子のひとり。イスカリオテのユダが裏切り者として除名されると、その後任として選ばれ、12使徒に加わることとなった。

第 5 章では『新約聖書』に登場する人物を紹介する。『新約聖書』は、現在のイスラエル・パレスチナ中央部からトルコやギリシャにかけた広い地域が舞台となる。ベツレヘムで生まれ、洗礼者ヨハネから洗礼をほ施されたイエスは、弟子とともにその信仰を説いてまわった。イエスの死後、彼を崇敬する者たちによってキリスト教が誕生する。

迫害後に
回心して
崇敬する

パウロ（P.142）

協力

崇敬

伝道者たち

　イエスを救世主とし、その教えを広めるために尽力した。使徒や彼らの信仰からキリスト教が誕生。その後も多くのひとが布教したことで、キリスト教は世界最大の宗教となった。

マルコ（P.146）　　ルカ（P.148）

師弟

崇敬

使徒

　使徒とは、イエスを信奉する彼の弟子たちのこと。そのなかでも、とくにイエスと関係が深い右の 12 人の弟子（高弟）は「12 使徒」と呼ばれる。12 という数字は、ヤコブの子孫であるイスラエルの 12 部族に由来するという。

ペトロ（P.126）

マタイ（P.128）
大ヤコブ（P.130）
ヨハネ（P.132）
イスカリオテのユダ（P.134）
アンデレ（P.135）
フィリポ（P.135）
バルトロマイ（P.136）
トマス（P.136）
小ヤコブ（P.137）
タダイ（P.137）
シモン（P.138）

第5章 イエスの誕生と宣教
物語

【イエス・キリストの誕生】

キリスト教が成立する以前のイエスとは？

12使徒とともに各地を巡り、さまざまな教えを広めたイエス。そのため「キリスト教はイエスが作った」と思われがちだが、実際のところ、イエス自身は新しい宗教を興すために活動していたわけではない。では、イエスはなに者だったのかというと、彼はひとりのユダヤ人で、ユダヤ教徒だった。イエスはユダヤ教を批判したが、これは神を否定したわけではなく、形ばかりの律法を重視する当時の信仰のあり方を批判したのだ。つまりイエスとは、ユダヤ教を内部から批判し、より良くしようとした改革者ということになる。

イエスが活動していた当時のユダヤ教について

本編へ進む前に、まずはイエスが活動した時期のイスラエル（ユダ王朝）とユダヤ教をとりまく環境について解説しよう。

バビロン捕囚ののち、解放されたユダ王国の民（ユダヤ人）は、イスラエルへ戻ると、自分たちの国の再興を目指した。しかし、『旧約聖書』から『新約聖書』までのおよそ250年間、ユダヤ人はさまざまな大国の支配下に置かれることとなり、イエスが誕生したときに

洗礼者ヨハネ
（P.122）

イエスの従兄弟。イエスを救世主と宣言し、常にその一歩後ろに立って彼を支えた敬虔な預言者。

は、当時勢力を拡大していたローマ帝国の属国となっていた。

一方、ユダヤ教については、ユダヤ人の宗教として信仰が認められていたものの、その内部は、信仰のあり方を巡って、パリサイ派やサドカイ派、さらに過激な愛国集団である熱心党といった、さまざまな宗派が混在し、それらが対立していた。イエスはこうした民族・宗教的な混乱の真っ只中で誕生したのである。

活動を開始したのは 30歳と遅かった

ベツレヘムで生まれたイエスは、母マリアと養父のヨセフに育てられた。やがて30歳になると、ベタニアで従兄弟のヨハネから洗礼を授かる。その後、ガリラヤに移り、弟子たちとともに宣教活動に勤しんだ。その活動は3〜4年に及んだという。

●イエスのゆかりの地

【イエスの死】

処刑と復活を経て
キリスト教が成立する

イエスの死後、人々は「彼こそが救世主であったのではないか」と考えるようになる。というのも『旧約聖書』には、「いずれ神がメシア（救世主）を遣わし、人々を救う」という預言があった。しかし、どうしてイエスが救世主といえるのか。それは彼が死と復活という奇跡を見せたからだ。

イエスは神を冒涜した（信仰のあり方を批判した）罪により、ゴルゴダの丘で磔にされて命を落とす。ところがそれから3日後、イエスは復活し、天へと昇天して見せた。イエスが真に神に背く者なら、こうした奇跡は起こらないはずだが、実際にイエスは復活し、天に召されたのである。一連の出来事を目の当たりにした民衆は、イエスこそ救世主なのだと考えるようになった（なお、福音書によってイエスの生涯は異なった形で描かれている）。

その結果、誕生したのがキリスト教だ。キリスト教徒たちは、救世主たるイエスが遣わされ、死と復活という奇跡を示したことで、人類は「神との新たな契約を結んだ」と考えている。これはユダヤ教にはないキリスト教独自の考え方といえる。

律法の廃止と積極的な布教活動で
世界中に広まったキリスト教

今や信者数が20億人前後と、世界的な宗教となったキリスト教だが、成立当初からこれほどの信者がいたわけではない。

●ユダヤ教とキリスト教のおもな違い

～ユダヤ教～	～キリスト教～
●ユダヤ人のための宗教であり、救済されるのはあくまで神様と契約を結んだイスラエルの民（ユダヤ人）のみ	●神を信じるものは誰でも救済される、すべての民族のための宗教
●律法を守ることを重視する	●儀礼的に律法を守るのではなく、「神を愛しなさい」というイエスの教えを重視する
●『旧約聖書』のみを聖典とする	●『旧約聖書』と『新約聖書』を聖典とする
●救世主の出現を待っている（イエスを救世主とは認めていない）	●イエスこそが救世主であり、彼の教えこそが新たな神との契約である

それでは、どうしてキリスト教は世界中に広まったのか。その大きな理由のひとつが、信徒らによる積極的な布教活動である。キリスト教成立時、信徒たちは「イエスの教えを広める」ことを活動の柱とした。なかでもパウロは、3回も宣教旅行を行うなど、広く布教に邁進した人物として知られ、のちのキリスト教発展の礎を築いたとされる。

　また、キリスト教が大きく発展したもうひとつの理由として、律法（神との契約）を廃止したことも挙げられる。それまでのユダヤ教では、律法の順守を重視していた。男子の割礼（性器の一部を切除すること）や食物規制も、この律法によるものである。ところがキリスト教は、こうした形式的な律法をなくした。

　さらにキリスト教では、イエスを信じる者なら誰でも神に救済されると説いた。ユダヤ教の場合、救われるのはあくまでイスラエルの民だけだが、キリスト教は人種・民族を問わず、誰でも信仰し、救いを得られるというわけだ。

　こうした手軽さ、受け入れやすさがキリスト教を世界的な宗教にしたのだろう。

●**パウロの宣教旅行のルート**

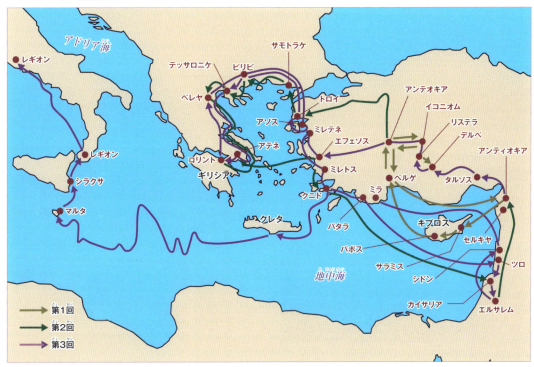

イエス・キリスト
Jesus Christ

4福音書

出典：マタイ、マルコ、ルカ、ヨハネによる福音書
立場・役職：キリスト教のトップ
役割：キリスト教の基礎を築いた預言者

信仰のあり方を説き、キリスト教の礎を築いた預言者。イエスが生まれた時代、エルサレム周辺はローマの総督によって統治されていた。人々はいつか救世主が現れ、自分たちを解放してくれるだろうと考えていた。やがてイエスが現れると、多くのひとが彼を信奉するようになる。しかし、ローマやユダヤ教の指導者はこれを快く思わず、ついにはイエスを処刑する。ただ、復活という奇跡を起こしたことで、イエスは「神と等しい者」として、より崇められるようになった。

✝ 洗礼を受けて宣教活動を始める

30歳になったイエスは、従兄弟のヨハネから洗礼を授かる。これ以降、彼は自分が救世主（油注がれた者＝神によって任命された者）であり、神の子であること、神のお召しの代償として苦難を求められることを意識し始めた。

洗礼を受けたイエスは、各地で宣教活動を行った。

✝ 生誕地である中東ベツレヘム

パレスチナにあるベツレヘムで誕生したイエス。幼少時代の記述はほとんど存在しないため、12歳のとき両親とともにエルサレムを旅し、誤って置き去りにされてしまったことなど、わかっていることは少ない。

ベツレヘムはパレスチナのヨルダン川西岸地区に存在する。

✝ 処刑されたのちに復活を遂げる

ユダヤ教の指導者たちは、イエスが民衆を団結させ、ローマ帝国に反旗を翻せば、自分たちの身も危ないと考えた。そこで彼らは、イエスを反乱者に仕立て上げ、死刑の権限のあるローマ帝国に引き渡した。

十字架に手足を打ち付けて衰弱死させる磔刑に処された。

第5章 ― イエスの誕生と宣教 *Jesus' Birth and Ministry*

父であり子であり神であるイエス

キリスト教において「父なる神、神の子、聖霊」は一体であり、すべてはひとつ（三位一体）であると考えられている。

illustration：三好載克

マリア
Maria

4福音書

出典：マタイ、マルコ、ルカ、ヨハネによる福音書　**立場・役職**：イエス・キリストの生みの親
役割：神に代わってイエスをこの世に送り出す

神に選ばれてイエスの母となり、今では聖母として敬愛されるマリア。大工ヨセフの許嫁で、10代半ばに天使からイエスの母になることを告げられる。このとき未婚だったマリアは、なぜ自分に子が生まれるのか異議を唱えた。「聖霊があなたに降り、いと高き方の力があなたを包む。だから、生まれる子は聖なる者、神の子と呼ばれる」と天使にいわれ、マリアは受け入れたという。

✝ イエス昇天後の動向

イエス昇天後のマリアの動向は謎に包まれている。エルサレムに残ってシオン山にあったゼベダイの子ヨハネの家に住んだという説と、ヨハネのエフェソへの旅に出て生涯を閉じたという説がある。

山頂にはダビデ王の墓もあるというシオン山。

✝ 神の御業で身ごもったマリア

マリアと天使ガブリエルの逸話は、「おめでとう、恵まれた方。主があなたとともにおられる」という天使のセリフとあわせて、よく知られている。

この逸話は「受胎告知」という題目で描かれることも多い。

✝ 多くの芸術作品でモチーフとされる聖母

イエスを生んだ功績から、多くのひとに崇敬されるマリアは、芸術作品の題材となることも多い。こうした作品では、しばしば青い服を着た姿で描かれる。これは青色がマリアを象徴する色のひとつだからだ。

ドイツの画家シュテファン・ロッホナーが描いた『薔薇垣の聖母』。

マリアを示す数々の異名

カトリック教会や聖公会では「処女」という称号が一般的で、正教会では「生神女」とも呼ばれる。日本では特に「聖母」と呼ばれる。

illustration：誉

東方の三博士
Three Wise Men from the East

出典：マタイによる福音書　立場・役職：星の印を読み解く占星術師
役割：ベツレヘムに向かいイエスを拝む

　まだ幼いイエスを拝みにきた学者たち。彼らは占星術を用いて、新しいユダヤ人の王となる赤子の誕生を予見。それを知ったヘロデ大王は、自分にとって脅威になるであろう、その赤子を殺そうとするが、三博士は赤子を守るために居場所を教えなかった。この赤子がイエスである。なお、聖書には「学者たち」と書かれただけで、正確な人数は不明。彼らが生まれたばかりのイエスに乳香、没薬、黄金の3つを贈ったことから3人と考えられている。

illustration：池田正輝

ヘロデ大王
Herod the Great

出典：マタイによる福音書　立場・役職：ユダヤ全域を支配したユダヤ人の王
役割：権力に溺れた偏執病の象徴

　ローマ人に取り入って勢力を拡大し、前40年にローマ皇帝の命を受けてユダヤ人の王となった男。残忍な性格で、東方の三博士から救世主となるイエスが誕生したことを聞かされると、彼を危険視し、ベツレヘムにいた2歳以下の男子をひとり残らず殺そうとする。ただ、マリアの夫ヨセフが、大王がやろうとしていることを夢のお告げで知り、エジプトに逃亡したため、イエスは殺されずに済んだ。

illustration：米谷尚展

第5章　イエスの誕生と宣教　Jesus' Birth and Ministry

ヨセフ
Joseph

出典：マタイ、ルカによる福音書　立場・役職：イエスの父
役割：神のお告げを受け入れる敬虔な男性

　ナザレに住んでいた大工。結婚前にマリアから妊娠を告げられ、彼女に裏切られたと落胆するが、夢のなかで天使と会話し、子どもが神の子であることを知ると、母子を迎え入れる決意をした。ヘロデ大王がイエスの命を狙っていることを知り、マリアとイエスを連れてエジプトへ逃亡。しばらくしてヘロデ大王が亡くなると、ナザレに戻り、再び大工として働いた。ヨセフの死については謎が多いが、イエスの処刑前に亡くなったとされる。

illustration：藤川純一

エリサベト
Elizabeth

出典：ルカによる福音書　立場・役職：洗礼者ヨハネの母
役割：受胎告知のもうひとりの主人公

　洗礼者ヨハネの母で、マリアの従兄弟にあたる。夫婦そろって聖職者の家系であり、夫ザカリアはエルサレム神殿で働いていた。マリアと同じように、あるとき夢のなかに大天使ガブリエルが現れ、ヨハネの誕生を告げられる。自分たちに子どもが生まれると約束されたことに、強い結びつきを感じたエリザベトとマリアは、妊娠中の3ヶ月をともに過ごした。

illustration：双羽純

洗礼者ヨハネ
John the Baptist

4福音書

出典：ルカによる福音書　**立場・役職**：イエスの預言者
役割：イエスがメシアだと伝え続ける影武者

偉大なイエスの道しるべとして活躍したヨハネ。彼も神のお告げを経て生まれた子どもだ。成長して預言者となったヨハネは、メシアの到来を人々に告げてまわった。彼自身がメシアと見られたこともあるが、ヨハネは一貫してそれを否定。ついにイエスが自分のほうに来るのを見て「見よ、神の子羊だ」と叫び、イエスこそが約束されたメシアだと宣言したのである。

第5章 ── イエスの誕生と宣教　*Jesus' Birth and Ministry*

✝ 生家は祭司の家系

ヨハネの母エリザベトは、エルサレム神殿で祭司を務めることを許されたアロン家の生まれ。アロンは、最初に神と契約を交わした偉大な預言者モーセの兄だ。また、父ザカリア（右絵）も祭司家系の出身で、エリザベトが妊娠した際はエルサレム神殿で働いていた。

✝ イエスの従兄弟にあたるヨハネ

「ルカによる福音書」（1章36節）には、ヨハネの母エリサベトとイエスの母マリアは親戚と記されている。マリアはエリザベトが妊娠した際に見舞いにも行っている。

ヨーロッパの画家シャンパーニュの作品。妊娠したエリザベトのもとを訪問するマリア。

✝ 権力者との確執

あるときヨハネは、当時の領主ヘロデ・アンティパスと、その妻ヘロディアを批判する。アンティパスはヨハネを疎みつつも崇敬していたが、ヘロディアはヨハネを憎み、夫をそそのかして彼を処刑させた。

ヘロディアは娘サロメを利用して夫に洗礼者ヨハネを処刑させた。

世捨て人のように
荒野で暮らす

「マタイによる福音書」によれば、ヨハネは「らくだの皮衣を着、腰に革の帯をしめ、いなごと野蜜を食べるひと」であった。また、普段は荒れ野で過ごしたという。

illustration：池田正輝

ヘロデ・アンティパス

Herod Antipas

4福音書

出典：マタイによる福音書　立場・役職：ヘロデ大王の息子
役割：洗礼者ヨハネの処刑実行者

イエスの殺害を企てたヘロデ大王の息子で、父のあとを継いでガリラヤの領主となった男性。他国と友好を結ぶために政略結婚をするが、自身の異母兄弟であるヘロデ・フィリポ1世の妻だったヘロディアと恋に落ち、妻として迎え入れた。兄弟の妻を娶ったことをヨハネに批判され、怒ったアンティパスは彼を投獄。その後、ヘロディアの策略でヨハネを処刑することになった。

王の称号を欲して罰せられる

あるときアンティパスは、妻の勧めでカリグラ帝に王位をねだる。これによって野心があると勘違いされ、領主の座を剝奪されてしまった。

✝ 洗礼者ヨハネを処刑

民衆から支持を得ていたヨハネを殺すと、民を怒らせることになるため、アンティパス自身はヨハネに対して殺意をもっていなかった。

イタリアの画家カラヴァッジオが描いた『洗礼者聖ヨハネの斬首』。

illustration：中山けーしょー

第5章　イエスの誕生と宣教　*Jesus' Birth and Ministry*

124

サロメ
Salome

4福音書

出典：マタイ、マルコによる福音書
立場・役職：洗礼者ヨハネ処刑のきっかけ　役割：母に利用された哀れな娘

　ガリラヤの領主ヘロデ・アンティパスの継娘。サロメは父アンティパスの誕生会で、ダンスを披露して場を盛り上げた。喜んだアンティパスは、サロメに「ほしいものは、なんでもやろう」といってしまう。このとき、洗礼者ヨハネを疎ましく思っていたアンティパスの妻ヘロディアは、サロメに「盆に乗せたヨハネの首がほしい」といわせたのだ。この要求を断るわけにもいかず、アンティパスは仕方なくヨハネを処刑することとなった。

illustration：磯部泰久

アンナ
Anna

4福音書

出典：ルカによる福音書　立場・役職：エルサレムの女預言者
役割：イエスの最初の伝道者

　ヤコブの第8子アシェルの末裔。ヨセフとマリアに連れられたイエスを見て、神を賛美した彼女は、エルサレムの救いを待ち望んでいる人々にイエスのことを話したそうだ。これは「ルカによる福音書」にも記述がある。彼女こそがイエスの最初の伝道者であり、良い知らせ（福音）をエルサレムの人々に告げる預言者だったというわけだ。また、ローマ・カトリックや東方正教会では、彼女を隠者の守護聖人としている。

illustration：EDA

ペトロ

Peter

出典：4福音書／使徒言行録　立場・役職：12使徒のリーダー
役割：誠実だが失敗も多い、イエスの最初の弟子

　イエスの最初の弟子といわれるペトロ。彼はガリラヤ湖で弟アンデレと漁をしていたとき、イエスに声をかけられて弟子となった。イエスが変容したときも（タボル山に登って姿を変え、神性を示した）、大ヤコブ、ヨハネ、ペトロという選ばれし3人だけが同行、その現場を目撃している。また、イエスが逮捕されたとき、尋問の場まで行ったのはペトロとヨハネだけだ。イエスが処刑されたのち、復活を遂げた際も、ヨハネとともにその墓に駆けつけている。

✝ 12使徒のリーダー的存在

イエスの弟子のリストでも、ペトロは常に先頭にその名前が記されている。また、「マタイによる福音書」で、イエスの問いに弟子を代表して答えていることから、弟子たちのリーダー格だったと考えられている。

イエスが奇跡を起こしたタボル山にもペトロは同行している。

✝ 墳墓とされるサン・ピエトロ大聖堂

バチカン市国にはペトロの墓とされる場所がある。ローマ帝国の皇帝としてはじめてキリスト教を公認したコンスタンティヌス1世は、その墓を覆うように教会堂を建設。その後、多くのひとの手が加わり、現在のサン・ピエトロ大聖堂が完成した。もとはペトロの墓所を祀るものだったが、今ではカトリック教会の総本山とされ、多くの信徒が巡礼に訪れている。

サン・ピエトロという名前は「聖ペテロ」という意味。

✝ 絵画の題材となるペトロ

イエスは「鶏が鳴く前に、あなたは三度、私を知らないというだろう」と、ペトロに預言していた。その後、逮捕されたイエスを助けようと画策していたとき、ペトロは3人の人物からイエスの弟子ではないかと問われる。このときペトロは、イエスの預言通り、三度とも弟子であることを否定して逃走した。ペトロが激しく後悔した、この出来事は「ペトロの否認」として絵画の題材にもなっている。

ロレーヌ公国（フランス）の画家ラ・トゥールが描いた「ペトロの否認」。

illustration：日田慶治

127

第5章 — イエスの誕生と宣教　Jesus' Birth and Ministry

illustration：藤川純一

マタイ
Matthew

4福音書

出典：マタイ、マルコ、ルカによる福音書　**立場・役職**：元徴税人の12使徒のひとり
役割：罪人を赦すイエスの教えの体得者

　12使徒のひとりで、「マタイによる福音書」の著者とも考えられている。イエスの召命に応えて弟子になる前は、徴税人として働いていた。当時の徴税人は、民から決められた額を徴収し、ローマ当局に納めていた。ただ、徴収方法は個人に一任されており、余計に取り立てたぶんが収入になっていたため、多くの徴税人は脅迫してまで税を取り立てていた。これはマタイも例外ではない。イエスはそんな彼を悔い改めさせ、救いを与えようと弟子にしたのである。

✞ 天使と描かれるマタイ

マタイは天使とともに描かれることが多い。これは「エゼキエル書」に登場する生き物の4つの顔（天使、獅子、雄牛、鷲）が、4人の福音記者に関連付けられたからだ。マタイは天使で、そのほかはマルコが獅子、ルカが雄牛、ヨハネが鷲とされる。

イタリアの画家グイド・レーニが描いたマタイと天使。

✞ ローマ帝国の元徴税人

ユダヤ人に裏切り者扱いされながらも、ローマ帝国の徴税人として働いていたマタイ。イエスはマタイの収税所の前を通りかかった際、弟子になるように声をかけた。マタイは人生をやり直すために、これを了承する。

ガリラヤ湖畔の風景。マタイの収税所は湖畔近くの町にあった。

✞ マタイが殉教した地

聖書にはイエスの弟子になってからのことがほとんど書かれていないため、マタイについては謎が多い。一説によれば、イエス復活後、エチオピアまたはペルシアのヘリオポリスで殉教したという。

エジプト・カイロの風景。ヘリオポリスはその近郊に存在した。

129

第5章 イエスの誕生と宣教 Jesus' Birth and Ministry

illustration：七片藍

大ヤコブ
James the Great

4福音書

出典：マタイ、マルコ、ルカによる福音書　立場・役職：男気の強い12使徒のひとり
役割：ヨハネ、ペトロとともにイエスと最も近い関係にある

弟のヨハネとともに、最初期からイエスに仕えた弟子。父ゼベダイや弟ヨハネとともにガリラヤ湖畔の漁船のなかで網の手入れをしていたところ、イエスに声をかけられ、兄弟そろって弟子になったという。『新約聖書』には、マタイの兄弟である小ヤコブや、イエスの兄弟であるヤコブなど、ヤコブという名の人物が何人も出てくる。そのため、彼らと混同しないように「ゼベダイの子ヤコブ」や「大ヤコブ」と呼ばれている。彼はイエスの重要な場面に、ほぼ同行していた。

✝ シンボルはホタテ貝

大ヤコブを題材にした芸術作品には、よくホタテ貝があしらわれている。これはホタテ貝が大ヤコブのシンボルだからだ。その理由は諸説あるが、彼に関する逸話にはホタテ貝が登場するものもある。フランス語ではホタテ貝を「コキーユ・サン・ジャック（聖ヤコブの貝）」と呼んでいる。

大ヤコブにまつわる作品では、ホタテ貝が頻繁に見られる。

✝ 権力者に捕まって殉教

イエスからの信頼も厚かった大ヤコブは、エルサレム教会で一貫して中心的な立場を占めていた。しかし、イエスらを迫害していたヘロデ・アグリッパ1世に捕まり、12使徒で最初の殉教者になったという。

中世に描かれたアグリッパ1世の肖像。

✝ 聖ヤコブの墓所

813年、スペインのガリシア州にあるサンティアゴ・デ・コンポステーラで大ヤコブの墓が見つかり、同地には教会が建設された。この場所はエルサレムやバチカンと並び、キリスト教の三大巡礼地に数えられるようになった。

10世紀頃に建てられたサンティアゴ・デ・コンポステーラ大聖堂。現在も多くの人が訪れる。

ヨハネ
John

出典：マタイ、マルコ、ルカによる福音書　立場・役職：自らそう書き遺したイエスの愛弟子
役割：イエス死後は初代教会でペトロに次ぐ重要な地位に就いた

大ヤコブの弟で、イエスの活動に最初期から従っていたが、もとは洗礼者ヨハネの弟子だった。ヨハネは兄の大ヤコブと同じく、イエスの変容や、イエスがヤイロの娘を生き返らせる瞬間に立ち会っており、自分こそイエスの一番の信奉者であると思っていた。「ヨハネによる福音書」には「（イエスが）愛しておられた弟子」と、自分で書くほどの自信のありようだ。また、ヨハネは使徒のなかで、唯一殉教しなかったといわれている。

✝ イエスの処刑に立ち会ったヨハネ

イエスが処刑されたとき、ヨハネはイエスが磔にされた十字架の下に立っていたとされる。そのため、右のようなキリスト磔刑図（磔になったイエスを描いた作品）において、伝統的にイエスの母マリアとヨハネを左右に配する構図が存在する。

✝ イエスが愛した弟子のひとり

「ルカによる福音書」には、イエスから最後の晩餐の準備を頼まれたのは、ペトロとヨハネのふたりだったと書かれている。また、「ヨハネによる福音書」には、イエスがその席上で、イスカリオテのユダが自分を裏切ると、ヨハネにだけ教えたという記述もある。

最後の晩餐は、イエスの処刑前夜に12使徒と摂った夕食のこと。

✝ ヨハネが幽閉されたパトモス島

マリアの世話を頼まれたヨハネは、イエスの死後、彼女とトルコのエフェソスに移り住む。しかし、ときのローマ皇帝に逮捕され、パトモス島に幽閉された。

捕まったヨハネはギリシャにあるパトモス島に送られた。

第5章 ― イエスの誕生と宣教　*Jesus' Birth and Ministry*

✝ 世界の終末と救済を記した著書『ヨハネの黙示録』

パトモス島に幽閉されていたとき、幻を目にしたヨハネは、その内容を書にまとめた。これが「ヨハネの黙示録」だ。また、釈放されてエフェソスに戻った彼は、「ヨハネによる福音書」などを書いたという。

「ヨハネの黙示録」には、世界の終末と人類の救済について書かれている。

いくつかの呼び名が存在

洗礼者ヨハネと区別するために「ゼベダイの子ヨハネ」や「福音記者ヨハネ」、「使徒ヨハネ」とも呼ばれる。

illustration：NAKAGAWA

イスカリオテのユダ
Judas Iscariot

出典:マタイ、マルコ、ルカによる福音書　**立場・役職**:裏切り者となった12使徒のひとり
役割:裏切りや邪悪さの象徴となる

4福音書

　ユダは12使徒のひとりで、イエス一行の金庫番を任されるほど信頼されていた。しかし、最後の晩餐でイエスは「弟子のひとりが自分を裏切るだろう」と預言。その後、ユダが銀貨30枚と引き換えに、イエスを当局に売り、本当に裏切り者となった。「マタイによる福音書」によれば、彼は自責の念から、報酬の銀貨をユダヤ教指導者に返したのち、首をつって自殺したという。

✝ 最後の晩餐における裏切り者ユダ

絵画の題材としてもおなじみの最後の晩餐。そのなかで裏切り者のユダは、イエスたちと反対側に座らされたり、黄色の衣をまとった姿で表現されるのが定番となっている。

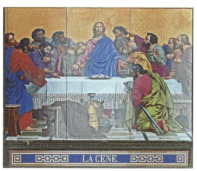

イエスと12使徒が食卓を囲む『最後の晩餐』。

illustration:米谷尚展

アンデレ
Andrew

出典：マタイ、マルコによる福音書　立場・役職：イエスが最初に招いた弟子
役割：食糧の奇跡のきっかけを生む

　ペトロの弟。イエスとの宣教の旅で、群衆5000人に食べ物を与えたとき、パンと魚をもった少年を見つけたのは彼だった。イエスはそのわずかな食糧を奇跡によって増やし、5000人の腹を満たしたのである。教会史家のエウセビオスは、アンデレが小アジアから黒海沿いのスキタイを経由しヴォルガ川まで行って説教したと記録している。また、ビザンティウム（現イスタンブール）の初代監督になったアンデレが、X字型の十字架に磔にされたことも伝えられている。

illustration：中山けーしょー

フィリポ
Philip

出典：4福音書　立場・役職：12使徒のひとり
役割：イエスの伝道者、食料調達係を担う

　最初期にイエスに弟子入りした12使徒のひとりで、アンデレやペトロと同じくベトサイドの出身。イエスとともに旅をしていた頃は、食糧調達係としてよく働いていた。イエスが5000人に供食した際も、群衆に食べさせるパンをどこで買えばよいか聞かれている。これに対してフィリポは、8ヶ月分の賃金に相当する額のパンを買っても、全員に与えるには足りないだろうと答えた。イエスはその答えを聞いたあと、奇跡を起こして群衆にパンを与えたといわれている。

illustration：藤川純一

バルトロマイ
Bartholomew

出典：4福音書　立場・役職：12使徒のひとり
役割：遠くインドへも向かった熱心な宣教者

フィリポとよく行動していた使徒。バルトロマイとフィリポはフリギア（現トルコ領）で宣教していたが、町の支配者の怒りを買って捕まった。その直後に地震が起こり、ふたりが人々の無事を神に祈ると、民衆に感謝されて釈放された（フィリポは釈放を拒否して刑死した）。難を逃れたバルトロマイは、このあとアルメニアに向かうが、そこで再び捕まり、生きたまま皮を剥がれて殉教している。

illustration：長内佑介

トマス
Thomas

出典：4福音書　立場・役職：猜疑心強い12使徒のひとり
役割：疑い深さの象徴

イエスの復活を最後まで信じず、「疑い深いトマス」と呼ばれている。イエスの処刑後、ほかの弟子から「イエスは生きている」と聞かされながらも、「あの方の手に釘の跡を見、この指を釘跡に入れてみなければ、また、この手をそのわき腹に入れてみなければ、わたしは決して信じない」と答えた。その8日後、イエスが姿を現すと、「わたしの主、わたしの神よ」と、跪いて叫んだそうだ。

illustration：伊吹アスカ

小ヤコブ
James the Less

出典：4福音書　　立場・役職：アルファイの子、マタイの兄弟
役割：贅沢を嫌った敬虔な弟子

　使徒マタイの兄弟で、大ヤコブと区別するために「小ヤコブ」と呼ばれる。禁欲を守る敬虔な人物で、教会史家のエウセビオスは「彼はひとりで神殿に入ってひざまずき、民の罪の赦しを祈った。そして絶えず跪いて神に祈り、民のために赦しを乞うために、その膝頭はラクダのように固くなった」と記している。彼はエジプトでキリスト教について説教をしていた際に、磔にされたという。

illustration：田田慶治

タダイ
Thaddeus

出典：マタイ、マルコ、ルカによる福音書　　立場・役職：真摯な12使徒のひとり
役割：困難な任務にも勇敢に立ち向かう

　タダイは「聖ユダ」とも呼ばれ、「ユダの手紙」の著者とも考えられている。ローマ・カトリック教会では、裏切り者のユダと間違えることから、タダイのための祈りを避けられていた。アルメニアにキリスト教が伝わったのは彼が宣教したからだという説もある。ローマ・カトリック教会においてタダイは、絶望的な状態や成功の見込みがない活動の守護聖人となっている。

illustration：磯部泰久

137

シモン
Simon

4福音書

出典：マタイ、マルコ、ルカによる福音書
立場・役職：熱心党出身の12使徒のひとり
役割：回心して福音伝道者をまっとう

　熱心党を抜けてイエスの弟子となった男性。熱心党とは、ユダヤ人を扇動して反乱を起こし、ローマ帝国をイスラエルから追い出すことを目標としていた抵抗組織だ。彼らはローマ人を屈服させる力ある指導者を探しており、シモンはイエスを政治的に利用するつもりだった。しかし、イエスの復活を見たシモンは福音伝道者に転身。エジプトやペルシアなどにキリスト教を伝えて殉教した。

illustration：夜鳥

ポンティウス・ピラトゥス
Pontius Pilate

4福音書

出典：マタイ、マルコ、ルカ、ヨハネによる福音書
立場・役職：ローマ帝国の第5代ユダヤ総督
役割：無罪を主張しきれず、イエスを処刑台に送る

　27～36年に、ローマ帝国の第5代ユダヤ総督を務めた。イエスを排除したかったサドカイ派の指導者たちは、ピラトに磔刑の判決を下させようとする。しかし、自身が利用されていることに勘づいた彼は、逆にイエスを無罪として釈放しようとする。ただ、この方法は失敗し、ついには民衆の前で手を洗い、「このひとについて私には責任がない」と職務を放棄。その処遇をローマ帝国に委ねた結果、イエスは磔刑に処されてしまう。

illustration：磯部泰久

マグダラのマリア

Mary Magdalene

4福音書

出典：ルカ、マルコ、マタイ、ヨハネによる福音書　立場・役職：選ばれし復活の目撃者
役割：イエス復活を使徒に伝えて回る

illustration：双羽純

イエスの信奉者であり、イエスの処刑や復活に立ち会った女性。イエスは悪霊に憑かれる病から人々を救っていたが、マグダラのマリアからも7つの悪霊を追い出した。当時、悪霊は狂気や病気の原因とされ、イエスと出会う前のマリアは、重罪人や重病人だったと考えられる。イエスの死後、ふたりの女性とともに墓に向かい、そこで復活したイエスと出会って最初に話をした。また、使徒たちにイエスの復活を知らせたのも彼女だ。

✝ マリアと同一視された罪深い女

マグダラのマリアは「ルカによる福音書」の罪深い女や「ヨハネによる福音書」の姦通で捕まった女性と同一視される。キリストを描いた映画で、マグダラのマリアが娼婦として登場することが多いのは、彼女と混同された女性たちが性的な罪を犯していたためだと考えられる。

マリアと同一視される罪深い女（右下）。

139

マルタとマリア
Martha and Mary

出典：ルカ、ヨハネによる福音書　立場・役職：イエス信奉の姉妹
役割：献身的な姿勢で厚く信頼される

　エルサレム近郊のベタニアに住んでいた姉妹。弟ラザロも含め、イエスと親交が深く、彼らの家にイエスが滞在することもあった。イエスが来たある日のこと、マルタは食事の準備をするが、マリアはイエスの話を聞くばかりで、なかなか手伝ってくれなかった。腹が立ったマルタは「なんともお思いになりませんか」と、イエスに愚痴をこぼす。するとイエスは「必要なことはただひとつだけである。マリアは良いほうを選んだ」と答えた。イエスの言葉に耳を傾けるのも大事なことだというわけだ。

✝ 聖マルタによるドラゴン退治

フランス・タラスコンには、聖女マルタがタラスクという怪物を退治した伝承が残っている。タラスクは体の半分が獣で、もう半分が魚という合成獣だ。

見た目こそ獣に近いが、タラスクはドラゴンとされる。

illustration：米谷尚展

ラザロ
Lazarus

出典：ルカ、ヨハネによる福音書　立場・役職：マルタとマリアの兄妹
役割：終世時の死者復活の予兆

4福音書

マルタとマリアの弟で、ともにベタニアに住んでいた。あるとき病気が原因で亡くなってしまうが、その4日後、イエスがやって来て「ラザロは生き返る」と告げる。ラザロの墓に向かったイエスは、墓の入り口の石をどけるように命じた。死体がとっくに腐っているのでとマルタは反対したが、イエスはかまわずラザロに話しかける。すると墓のなかから手足を布でまかれたラザロが現れたのである。

illustration：藤川純一

カイアファ
Caiaphas

出典：マタイ、ヨハネによる福音書／使徒言行録
立場・役職：ユダヤ最高法院の議長
役割：イエス抹殺を企てた張本人

4福音書

ユダヤ最高法院の議長。ローマ人によって大祭司に任命されていたカイアファは、イエスを裁判にかけて罪人とし、処刑させた。ステファノ、ペトロ、ヨハネも彼に迫害されている。

illustration：七片藍

ザアカイ
Zacchaeus

出典：ルカによる福音書
立場・役職：回心した元徴税人
役割：罪を救うイエスに感銘を受ける

4福音書

ローマ帝国の徴税人。その当時、徴税人は同胞でも裏切り者とされたが、イエスは彼を差別しなかった。その慈愛に心打たれたザアカイは、回心して財産の半分を貧しいひとに与えたという。

illustration：中山けーしょー

パウロ

Paul

出典：使徒言行録　立場・役職：逆風に耐え、宣教した元ファリサイ派
役割：初代教会に大きく貢献した伝道者

3回の宣教旅行を通じてキリスト教を広めた、初代教会における偉大な伝道者パウロ。彼はもともと『旧約聖書』の教えを厳格に行うファリサイ派に属していた。キリスト教徒を迫害していた初期のエルサレム教会の奉仕者であり、最初の殉教者となったステファノの処刑にも立ち会っている。しかし、イエスに天から呼びかけられ、パウロの心は一変。イエスこそが救世主であり、神の子であると信じるようになった。

✝ アナニアに洗礼を受けたパウロ

イエスに天から呼びかけられた直後、パウロは突然失明する。これをイエスの弟子アナニアが治療してくれた。

目を治療してもらったパウロは、イエスを信奉するようになる。

illustration：三好載克

✝ 宣教に勤しんだパウロ

改宗したパウロは、イエスのことを広めて回った。突然改宗したため、当初は裏があると疑われたが、キリスト教共同体の指導者のひとりであるバルナバの説得もあり、少しずつ受け入れられた。バルナバとは、1年間アンティオキアで教えを説いたり、トルコからギリシャにかけて町々に教会を創設するなど、協力して多くのことを成し遂げた。

ドイツの画家デューラーが描いたパウロ（右絵）。

✝ パウロを処刑したローマ皇帝

キリスト教徒となったパウロは、国内外をまわってイエスの教えを広める宣教旅行を3回行った。キリスト教が世界的な宗教となったのは、彼の活動の賜物でもある。ただ、パウロは皇帝ネロの治世に逮捕され、ローマで処刑されてしまう。

ローマ帝国の5代皇帝ネロ。暴君とされた彼は、帝国で初めてキリスト教の迫害を行った。

アナニア
Ananias

出典：使徒言行録　　立場・役職：パウロの目を治したイエス信奉者
役割：パウロに洗礼を与える

ダマスコに住んでいた忠実なユダヤ人キリスト教徒。パウロはイエスの弟子を捕まえるためにダマスコに向かっていたが、その道中で復活したイエスの声を聞き、主を信じるようになったといわれている。このとき目にした光で視力を失ったため、イエスはアナニアにパウロの目を治すように命を下した。その後、アナニアはパウロに洗礼を施し、のちに多大な影響を及ぼす教会の指導者を生み出したのである。

illustration：七片藍

143

バルナバ

Barnabas

出典：使徒言行録　立場・役職：パウロを受け入れた使徒のひとり
役割：伝道者パウロと使徒たちの仲介役

　イエスの復活後にキリスト教徒になった男性。初期のキリスト教信者の集団は、財産を共有し、土地や家を売って教団に寄付をすることで成り立つ団体だったが、バルナバは率先してそのお金を集めていた。そのため、使徒たちからの信頼は絶大で、元ファリサイ派の伝道者パウロの回心が受け入れられたのも、バルナバの力が非常に大きかったといわれている。

✝ 主の教えを広める宣教旅行

バルナバはパウロやヨハネ（福音記者マルコ）とともに、宣教旅行を行っている。キプロス島や小アジア（現在のトルコ）などを巡り、布教に勤しんだ。

地中海東部にあるキプロス島。現在はイギリス、ギリシア、トルコが主権をもつ。

illustration：中山けーしょー

第5章 ― イエスの誕生と宣教 *Jesus' Birth and Ministry*

使徒言行録

マティア
Matthias

出典：使徒言行録　立場・役職：裏切りのユダに変わって12使徒に仲間入り
役割：イエスへの献身さを買われて12使徒に選出される

　イエスを裏切り自殺したイスカリオテのユダに代わって使徒となった男性。ユダの後任を決めるためにイエスの弟子たちは話し合い、ふたりの候補者をあげた。そのひとりがマティアだった。ペトロが候補者について祈り、主の意思を聞くためにくじ引きが行われ、最終的にマティアが選ばれたという。ただ、彼の名前はこれ以降『新約聖書』に出てこないため、具体的になにをしたのかはわかっていない。

illustration：磯部泰久

ステファノ
Stefano

出典：使徒言行録　立場・役職：キリスト教で最初の殉教者
役割：罪の赦しを乞う教えに最後まで忠実

　キリスト教で最初の殉教者。キリスト教徒を脅威に感じたユダヤ教徒は、あるときステファノが神を冒涜する言葉を吐いたと非難した。それに対してステファノは、ユダヤ人がメシアを拒絶したのだと反論。激怒したユダヤ教徒は彼をエルサレムの外に連行し、石で打ち殺してしまった。このときステファノは、彼らの赦しを祈りながら息絶えたといわれている。

illustration：双羽純

145

マルコ

Marco

出典：マルコによる福音書　**立場・役職**：「マルコによる福音書」著者
役割：イエスの神聖性を誰よりも強く描いた

『新約聖書』に含まれる「マルコによる福音書」の著者。その名前が初めて登場するのは「使徒言行録」で、天使によって牢獄から解放された12使徒のペトロが、「マルコとよばれるヨハネ」の家に行ったとある。ペトロとマルコは近い関係にあり、イエスについての情報はほとんどペトロから得たと考えられている。マルコはパウロの宣教旅行に同行したが、2回目は同行を拒否されたため、バルナバとキプロス島へ向かい、伝道者としての務めを果たしている。

✝ アレクサンドリア教会の創設者

かつてキリスト教では、5つの拠点（古代5主教座）を中心に、教会や信徒を管理していた。そのひとつがアレクサンドリア教会で、これはマルコが設立したという。

アレクサンドリア総主教庁があるエジプト・カイロの風景。

✝ 「マルコによる福音書」の著者

「マルコによる福音書」は正典とされる4福音書のなかで最も短く、最初に書かれたとされている。マタイやルカの書とは異なり、イエスの系図や幼年期には触れていない。洗礼者ヨハネの説教活動やイエスへの洗礼、サタンによる誘惑についての短い序文で始まり、そのあとはイエスが神であること（イエスが起こした奇跡について）を明らかにするための記述が続く。

ヴェネツィアの守護聖人でもあるマルコ。彼のシンボルである有翼の獅子はヴェネツィア共和国（現イタリア・ヴェネツィア）の国旗にも採用されていた。

✝ 福音記者マルコに捧げられた寺院

イタリアのヴェネツィアには、マルコのために建てられた巨大な寺院、サン・マルコ大聖堂が存在する。黄金の壁や天井、無数の宝石があしらわれた黄金の衝立などがあり、宗教施設とは思えないほど華やかな内装となっている。

大聖堂はサン・マルコ広場に面した位置にあり、観光客で賑わっている。

illustration:池田正輝

ルカ
Luke

使徒言行録

出典：ルカによる福音書／使徒言行録　　立場・役職：「ルカによる福音書」、「使徒言行録」著者
役割：伝道者パウロの記録を残す

医者でもあり、「ルカによる福音書」と「使徒言行録」を書いて教会で最初の歴史家となったルカ。伝道者としては、イエスや使徒、初代教会についてきちんと整理し、記録する必要性を誰よりも強く感じていたそうだ。パウロの宣教旅行に何度か同行したり、投獄されたパウロから「愛する医者ルカ」と呼ばれていることから、彼の主治医を務めていたとも考えられている。また、パウロは死ぬ間際に「ローマで最後の同労者（仲間）」とルカを称えたという。

「ルカによる福音書」などの著者

4人の福音書記者（マタイ、マルコ、ヨハネ、ルカ）のなかでも、最も洗練された文体をもち、イエスの生涯と受難についての叙述は、多くの資料を参考に書いている。ルカのみが記録に残している内容としては、洗礼者ヨハネの誕生と幼少期、イエスの少年時代の神殿での出来事、善きサマリア人、ラザロと地獄に落ちた金持ちの話などがある。

博学多才な人物として知られる

伝道者になってから文筆家としても遺憾なく才能を発揮した。「ルカによる福音書」のなかでは、イエスを完全な人間として描き、賛美と喜びの歌をいくつも残している。

「ザカリアの賛歌（1章68-79節）」、「御使いたちの歌（2章14節）」、「シメオンの賛歌（2章29-32節）」、そのなかでも「マリアの賛歌」（1章47-55節）は有名だ。

ルカには文書以外に絵の才能もあったというから驚きだ。

パウロの宣教旅行に同行

ルカは「使徒言行録」で、パウロが行った3回の宣教旅行について書いており、そのなかで「わたしたち」という言葉を多く使っている。このことからルカもパウロの旅に同行していたと考えられている。

パウロたちと訪れたであろうエルサレムの風景。

第5章 ― イエスの誕生と宣教　*Jesus' Birth and Ministry*

✝ 医者や画家の守護聖人

ルカには文才に加えて絵の才能もあったらしく、初めて聖母マリアを描いたのはルカだという伝承も存在する。そのため、ルカは中世ヨーロッパにおいて、画家や薬剤師の守護聖人としても崇敬された。

中世には「聖母マリアを描いているルカ」の絵画がいくつも描かれた。

illustration：誉

リディア
Lydia

出典：使徒言行録　立場・役職：ヨーロッパ最初のキリスト教への改宗者
役割：フィリピの町でキリスト教を広める

　ローマの植民都市だったフィリピの町の商人。ローマ帝国の人々と同じく、ユダヤ人の神を崇拝していたが、パウロの教えを受け入れ、家族とともに洗礼を受けた。彼女がヨーロッパで最初のキリスト教への改宗者といわれている。また、パウロと同行者を家に招いて滞在させたという記録もある。キリスト教の奉仕者となったリディアは、数年間にわたって自宅を教会として開放し、信徒たちの活動を支えた。

illustration：EDA

バル・イエス
Bar-Jesus

出典：使徒言行録　立場・役職：魔術師／偽預言者
役割：伝道の邪魔がかえって、総督の回心を早めることに

　キプロス島にいた偽預言者で魔術師。パウロとバルナバがキプロス島を訪れたとき、バル・イエスはキプロスの地方総督に仕えていた。総督はふたりを招いて神の言葉を聞こうとしたが、バル・イエスがそれを妨げてしまう。これに怒ったパウロが「そのようなことをすれば失明するだろう」というと、バル・イエスは本当に目が見えなくなってしまった。その様子を見た総督はすぐに回心したそうだ。

illustration：池田正輝

第5章──イエスの誕生と宣教　Jesus' Birth and Ministry

聖書の世界

中世ヨーロッパでは、聖書の世界やそこに登場する人物を題材とした芸術作品がいくつも生み出された。このページでは、そうした作品のなかから、いくつかピックアップして紹介しよう。本書に掲載された現代風の人物イラストと見比べてみるのも面白いはずだ。

モーセの十戒

フランスの画家フィリップ・ド・シャンパーニュ画。十戒が書かれた石板を手にした預言者モーセ。

ゴリアテの首をもつダビデ

イタリアの画家グイド・レーニ画。ペリシテ人最強の戦士ゴリアテに勝利した羊飼いのダビデ。

エルサレム神殿の破壊

イタリアの画家フランチェスコ・アイエツ画。エルサレム神殿で繰り広げられた、ユダヤ戦争における最後の攻防戦を描いた作品。

受胎告知

万能の天才レオナルド・ダ・ヴィンチ画。イエスの母マリアが天使から妊娠したことを告げられるシーン。

最後の晩餐

レオナルド・ダ・ヴィンチ画。イエスと12使徒による最後の晩餐を描いた作品。正教会では機密制定の晩餐と呼ぶ。

キリスト昇架

フランドルの画家ピーテル・パウル・ルーベンス画。十字架に打ち付けられたイエスを描いた祭壇画。

最後の審判

フランドルの画家ハンス・メムリンク画。イエスが死者を裁く最後の審判を題材にした祭壇画。

聖書にまつわる偉人

どのような宗教も、最初からすんなり受け入れられたわけではない。たとえばキリスト教の場合は、イエスの弟子である12使徒や、パウロなどの伝道者をはじめとする多くの信徒が布教に努めたことで、世界的な宗教にまで発展した。そこでこのページでは、宗教やそれに欠かせない聖書の価値を高めた歴史上の偉人たちを紹介していこう。

[聖母マリアの母親でイエス・キリストの祖母] アンナ

聖母マリアの母親。夫ヨアキムとのあいだには長らく子どもが生まれなかったが、マリアと同じように天使から子どもが生まれることを告げられた。

アンナ
アンナはキリスト教の諸宗派で聖人として崇敬されている。

[ローマ帝国にキリスト教を布教させた皇帝] コンスタンティヌス1世

306〜337年に在位したローマ帝国の皇帝。313年に、西の正帝を名乗っていたリキニウスと同盟を結ぶとともに、宗教の自由を認めるミラノ勅令を出し、キリスト教を公認した。その後、リキニウスが翻意してキリスト教を迫害すると、彼を討ち倒しローマ全土にキリスト教会だけを建てさせた。325年にはニケーア公会議を開き、キリスト教の教義の一本化を図っている。

使徒ペテロの墓に教会の建設を命じたコンスタンティヌス。これがサン・ピエトロ大聖堂の基となった。

コンスタンティヌス1世

第6章 資料館

全聖書の翻訳を手掛け ラテン語聖書を生み出す
ヒエロニムス

ヒエロニムス

ローマ・カトリック教会において「教会博士」と呼ばれる神学者。アウグスティヌス、アンブロシウス、グレゴリウス1世と合わせて「四大ラテン教父」などとも呼ばれる。その当時、流布していたラテン語聖書は写本ごとに内容が異なっていた。そこで彼は、ギリシャ語聖書の優れた写本に基づいて、ラテン語聖書を校訂編集し、決定版ともいえる聖書を生み出した。この聖書は、トリエント公会議でカトリック教会公認の標準聖書とされた。

優れた語学力をもっていたヒエロニムス。彼は『新約聖書』だけでなく『旧約聖書』の校訂も行っている。

ローマ・カトリック教会の理念を確立させた神学者
アウレリウス・アウグスティヌス

ローマ帝国末期に、北アフリカのカルタゴで活動していた神学者。この世に神の国を出現させるものとして教会の存在意義を説き、その地位を確立させた。

アウグスティヌス

アウグスティヌスは中世のキリスト教思想の基盤を作った。

荒野でひとり徳を積み 聖人となった女性
エジプトのマリア

諸宗派で崇敬される聖人。ふしだらな女だった彼女は、過去の行いを悔い改め、数十年にわたって荒野でひとり、主に祈りを捧げ続けた。その姿勢からとくに正教会では第二のマリアと呼ばれて崇敬される。

エジプトのマリア

スペインの画家リベーラが描いたマリアの肖像画。

[聖女と崇められる フランスの国民的英雄 ジャンヌ・ダルク]

フランスとイギリスが百年戦争という長きにわたる戦いを繰り広げていた時代、窮地に陥ったフランスを救った女性。天使ミカエルから啓示を受けたジャンヌは、自身がフランスを救う英雄であることを知り、フランス皇太子シャルル7世のもとへ。女の男装を禁じるカトリックの戒律を破り、彼女は男として軍を率いて戦った。しかし、のちにイギリスの捕虜となり、ルーアンで行われた宗教裁判で男装の罪、魔女の嫌疑がかけられ、火刑に処されてしまう。

ジャンヌ・ダルク

農家の生まれながら兵を率いて戦ったジャンヌは、フランスに幾度となく勝利をもたらし英雄となった。

[教会のあり方に 疑問を呈した宗教改革者 マルティン・ルター]

ドイツの神学者で、教会の信仰のあり方に疑問を呈し、ヴィッテンベルクの教会に『95か条の論題』を提出した。これは教会を批判したもので、これを機にドイツでは宗教改革が起こった。

ルター

一介の聖職者でありながら教会の腐敗を批判した。

[東洋でキリスト教の 布教に勤しんだ宣教師 フランシスコ・ザビエル]

1549年に来日したカトリック教会の司祭。大学卒業後、貴族という身分を捨てて修道士となった彼は、同志とイエズス会を創設。キリスト教を広めるために日本やインドなどで宣教活動に勤しんだ。

ザビエル

カトリック教会では聖人として扱われているザビエル。

【 参 考 文 献 】

『聖書 聖書協会共同訳 旧約聖書続編付き』
日本聖書協会（翻訳）

『聖書人名辞典』
ピーター・カルヴォコレッシー（著）、佐柳文男（訳）／教文館

『面白いほどよくわかる　キリスト教』
宇都宮輝、阿部包（著）／日本文芸社

『面白いほどよくわかる　聖書のすべて』
中見利男（著）、ひろさちや（監）／日本文芸社

『人物でよくわかる　聖書』
森実与子（著）／日本文芸社

『新約聖書人名事典』
ロナルド・ブラウンリッグ（著）／東洋書林

『図説　地図とあらすじでわかる！　聖書』
船本弘毅（監）／青春出版社

『聖書人名事典』
テリー・ジーン・デイ、ダリル・J・ルーカス（著）／バベルプレス

『聖書の人々　完全ビジュアルガイド』
島田裕巳（監）カンゼン

『聖書の秘密　旧約・新約のすべて』
真野隆也（著）／カンゼン

『聖母マリア　聖書と遺物から読み解く』
ナショナルジオグラフィック（編）／日経ナショナルジオグラフィック

『ビジュアル版　はじめての聖書物語』
サリー・タグホルム、アンドレア・ミルズ（著）／創元社

『イラスト　早わかり聖書ガイドブック』
ヘンリエッタ・ミアーズ（原案）、フランシス・ブランケンベイカー（著）、後藤敏夫、渋谷
美智子（訳）／フォレストブックス

『新約聖書入門——心の糧を求める人へ』
三浦綾子（著）／光文社

『旧約聖書を知っていますか？』
阿刀田高（著）／新潮社

『新約聖書を知っていますか？』
阿刀田高（著）／新潮社

『世界がわかる宗教社会学入門』
橋爪大三郎（著）／筑摩書房

聖書の人々
五十音索引

【ア】

アカン	057
アダムとエバ	018
アナニア	143
アハブ	103
アビガイル	081
アビメレク	059
アブサロム	076
アブラハム	026
アモス	097
アロン	048
アンデレ	135
アンナ	125
イエス・キリスト	116
イサクとエサウ	030
イザヤ	092
イシュマエル	032
イスカリオテのユダ	134
イゼベル	104
ウジヤ	105
エステル	101
エズラ	097
エゼキエル	095
エノク	039
エフタ	052
エフド	058
エリサベト	121
エリシャ	091
エリヤ	090
エルアザル	057
エレミヤ	094
オトニエル	058

【カ】

カイアファ	141
カインとアベル	020
ギデオン	053
ゴリアテ	074

【サ】

ザアカイ	141
サウル	071
サムエル	068
サムソン	054
サラ	028
サロメ	125
シセラ	060
シモン	138
小ヤコブ	137
ステファノ	145
ゼデキヤ	106
セト	038
洗礼者ヨハネ	122
ソロモン	078

【タ】

大ヤコブ	130
タダイ	137
ダニエル	096
ダビデ	072
デボラ	051
デリラ	061
東方の三博士	120
トマス	136

【ナ】

ナオミとルツ	055
ナタン	082
ニムロド	024
ネブカドネツァル2世	102
ネヘミヤ	098
ノア	022

【ハ】

パウロ	142
ハガル	040
バキデス	107
バト・シェバ	077
バラク	059
バル・イエス	150
バルトロマイ	136
バルナバ	144
ハンナとペニナ	070
ファラオ	049
フィリポ	135
ペトロ	126
ヘロデ・アンティパス	124
ヘロデ大王	120
ボアズ	061
ホセア	104
ポンティウス・ピラトゥス	138

【マ】

マグダラのマリア	139
マタイ	128
マティア	145
マリア	118
マルコ	146
マルタとマリア	140
ミカル	080

ミリアム	056
モーセ	046

【ヤ】

ヤエル	060
ヤコブ	034
ヤロブアム1世	088
ユダ・マカバイ	098
ユディト	101
ヨアブ	082
ヨシヤ	105
ヨシュア	050
ヨセフ	036
ヨセフ	121
ヨナ	099
ヨナタン	075
ヨナタン	107
ヨハネ	132
ヨブ	100
ヨヤキム	106

【ラ】

ラザロ	141
ラハブ	056
ラバン	040
リディア	150
リベカ	033
ルカ	148
レアとラケル	037
レハブアム	103
ロト	029

監修者　島田裕巳（しまだ・ひろみ）

1953年東京生まれ。宗教学者、作家、東京通信大非常勤講師。東京大学大学院人文科学研究課博士課程修了。放送教育開発センター助教授、日本女子大学教授、東京大学先端科学技術研究センター特任研究員を歴任。著書に『日本の10大新宗教』（幻冬舎新書）、『葬式は、要らない』（幻冬舎新書）、『創価学会』（新潮新書）など。

編集・構成	株式会社ライブ
	竹之内大輔／畠山欣文／村田一成
ライティング	中村仁嗣／野村昌隆
本文デザイン	内田睦美
DTP	株式会社ライブ
装丁	山田英春
カバー装画（イエス・キリスト）	三好載克

ビジュアル図鑑 聖書の人々

発行日	2024年12月25日　初版
監修	島田裕巳
発行人	坪井義哉
発行所	株式会社カンゼン
	〒101-0021
	東京都千代田区外神田2-7-1 開花ビル
	TEL 03（5295）7723
	FAX 03（5295）7725
	https://www.kanzen.jp/
	郵便振替　00150-7-130339
印刷・製本	株式会社シナノ

万一、落丁、乱丁などがありましたら、お取り替え致します。
本書の写真、記事、データの無断転載、複写、放映は、著作権の侵害となり、禁じております。

© Live 2024
ISBN 978-4-86255-745-2

定価はカバーに表示してあります。
ご意見、ご感想に関しましては、kanso@kanzen.jpまでEメールにてお寄せください。お待ちしております。